Sommerzeit

Erfrischung gefällig? 24

Roter Klee 25

Echter Kerbel 26

Echtes Mädesüß 28

Großer Sauerampfer 30

Vogelmiere 34

Schwarzer Holunder 36

Hirtentäschelkraut 38

Kleiner Wiesenknopf 40

Löwenzahn 42

Herbstfülle

Die goldene Jahreszeit 46

Sanddorn 47

Schlehe 48

Hagebutte 50

Brennnessel 54

Kornelkirsche 56

Gewöhnliche Wegwarte 58

Gewöhnliche Eberesche 60

Inhalt

SPEZIAL Würzige
i-Tüpfelchen 32

Verfeinern Sie Ihre Küche mit selbst
gemachtem Essig, Öl, mit Pesto oder
Senf aus Wildkräutern: Das Extra an
Geschmack für viele Gerichte!

SPEZIAL Die Süße
des Herbstes. 52

Die warmen Farben und die fruchtige
Süße des Herbstes werden in Form
von Wildbeeren zu Konfitüren, Sirups
oder Saucen verarbeitet.

Geschmack erleben

Die Blätter, Blüten und Früchte der Wildpflanzen sind eine Freude für das Auge und den Gaumen sowie ein Quell der Gesundheit. Wildkräuter sind viel geschmacksintensiver und reicher an Vitaminen und Nährstoffen als ihre kultivierten Verwandten. Sie finden sie zudem völlig kostenlos an Wegrändern oder auf Wiesen in Verbindung mit einem entspannenden Spaziergang. Manche Wildkräuter sind als Unkraut eine Plage im Garten, aber eine kulinarische Offenbarung auf dem Teller, wie die Brennnessel oder der Giersch. Unkrautbekämpfung durch den Kochtopf ist sicher eine der ökologischsten Möglichkeiten ...

Die Heilkräfte vieler Kräuter sind unbestritten und sie helfen bei vielen kleinen Wehwehchen. Ob Magenschmerzen, Erkältung oder Hautprobleme – die Natur-Apotheke hilft ganz umsonst!

Frühlings-frische

6 Alles grünt und blüht

7 Sommer-Linde

8 Gänseblümchen

10 Weiße Taubnessel

12 Wohlriechendes Veilchen

SPEZIAL 14 Den Kräutergenuss verlängern ...

16 Huflattich

18 Gewöhnlicher Giersch

20 Bärlauch

Alles grünt und blüht

Die Natur bietet uns besonders im Frühling eine Unmenge an Kräutern, Früchten, Wurzeln an, die meist schmackhafter und würziger als ihre kultivierten Verwandten und zudem völlig kostenlos zu haben sind.

Hält man sich an ein paar einfache Regeln, kann man fast überall auf Wiesen, an Feldern, Bachläufen, auf Schuttflächen und am Wegesrand wertvolle Pflanzen finden, die, wie der Giersch oder die Brennnessel, oft als Unkraut verschrien sind.

Sammeln als Naturschutz

Jeder verantwortungsvolle Sammler wird nur so viele Pflanzen sammeln, wie er verwerten kann und immer einige Exemplare stehen lassen, um eine Ausrottung an dieser Stelle zu vermeiden. Vorsicht an stark befahrenen Straßen wegen der Abgase. Vermeiden Sie das Sammeln an Äckern, Weinbergen und überall dort, wo man vermuten muss, das eingehend mit Pestiziden gearbeitet wurde.

Achtung: Bodennahen Pflanzen kann der Fuchsbandwurm anhaften. Das Erhitzen auf 60 °C tötet die Bandwurmeier sicher, gründliches Reinigen ist jedoch kein zuverlässiges Mittel!

Wie, wann, wo?

Es gibt aber noch tausenderlei Plätze, wo man die Pflanzen bedenkenlos ernten kann. Blattpflanzen können ganztägig gepflückt werden, wenn die Sonne den Tau schon abgetrocknet hat, Blüten sind mittags, wenn sie voll erblüht sind, am süßesten. Die gesammelten Pflanzen fühlen sich in Plastiktüten nicht wohl, denn dort schwitzen sie leicht und verderben schnell. Körbchen oder Stofftaschen sind nicht nur hübscher, sondern auch sinnvoller.

Zu Hause werden dann die Kräuter verlesen, gründlich gereinigt, von Ungeziefer befreit und erst kurz vor der Zubereitung zerkleinert. Wurzeln sollten geerntet werden, bevor die Pflanze austreibt, oder wenn sie sich schon zurückgezogen hat.

Der intensive Knoblauchgeruch verrät den Bärlauch schon von weitem.

Sommer-Linde

Tilia platyphyllos (Weiche Linde, Bastholz, Frühlinde, Großblättrige Linde)

▸ **Vorkommen** Dieser sommergrüne Baum zierte früher oft die Dorfplätze und wächst als Alleebaum und in Parks. Die Wuchshöhe kann bis zu 40 m betragen, die Stammborte ist in der Länge rissig, die an Rand gesägten Blätter sind leicht schief herzförmig mit weißen Büscheln in den Achsen. Die Blüte hängt in Trugdolden und ist weißlichgelb.

▸ **Verwendung** Mit den Lindenblüten kann man hervorragend Getränke aromatisieren und Süßspeisen würzen. Besonders delikat sind die noch jungen, grünen Blütenknospen und die jungen Blätter, die ab April geerntet werden können. Sie schmecken besonders lecker in Salaten.

Lindensalat

Dass die Blüten einen hervorragenden Tee abgeben ist bekannt, aber man kann auch die frischen, leicht säuerlichen Blätter essen.

▸ **2 Tassen junge Lindenblätter**
▸ **1 Mango**
▸ **Frische Basilikumblätter**
▸ **2 EL Saure Sahne**
▸ **2 EL Weinessig**
▸ **Salz, Zitronenpfeffer**

Blätter reinigen, Mango schälen, in lange Streifen schneiden und beides anrichten, Sahne und Essig verrühren, mit den Gewürzen abschmecken und über den Salat träufeln. Die Basilikumblätter klein schneiden und darüber verteilen.

Lindenblütenessig

Dieser Essig mit den Blüten der Sommer-Linde hat ein ganz besonderes Aroma.

Sommer-Linde

▸ **2 Tassen Lindenblüten**
▸ **3 l Obstessig**
▸ **100 g Bienenhonig**
▸ **3 unbehandelte Zitronen**

Obstessig aufkochen, Bienenhonig darin auflösen und die Flüssigkeit über die Lindenblüten gießen. 3 Zitronen dünn schälen und die Schalen hinzugeben. Zugedeckt 3 Wochen an einem kühlen, dunklen Ort ziehen lassen. Abseihen und in saubere, gut verschließbare Flaschen füllen.

SMART

Wohltuend bei Erkältungen

▸ **In der Naturheilkunde** sind die Lindenblüten unverzichtbar zur Linderung von Hustenreiz und zur Senkung von Fieber. Die schweißtreibende und schlaffördernde Wirkung kommt als Badezusatz am besten zum Einsatz.

Gänseblümchen

Bellis perennis (Maßliebchen, Tausendschön, Marienblümchen)

▶ **Vorkommen** Das reizende kleine Gänseblümchen erfreut uns mit seinem weißgelben Blütenköpfchen und wächst fast überall auf Rasenflächen, Weiden, in Gärten und an Wegrändern. Die ausdauernde kleine Blume wird lediglich 15 cm hoch und hat olivfarbene spatenförmige Blätter. Man erkennt sie schon von weitem an ihren charakteristischen weißen Strahlenblüten.

▶ **Verwendung** Von März bis in den Oktober oder November können die leicht herb schmeckenden Blüten ge-

SMART

Schädlingsbekämpfung bei Kulturformen

› **Der Fachhandel** bietet viele kultivierte Formen des Gänseblümchens an, die an sich ebenfalls essbar sind. Doch durch die Behandlung mit Pestiziden ist eine Gesundheitsgefährdung nicht auszuschließen.

erntet werden. Die Blätter sind ein bisschen bitter, können aber, wenn sie jung sind, roh Wildkräutersalaten beigegeben werden. Später im Jahr bringen sie ein interessantes Aroma in Kräutersuppen. Die Blüten sind eine hübsche Dekoration auf Wildkräutersalaten oder Suppen, die geschlossenen Blüten haben ein feines Nussaroma. Auch in der Volksheilkunde wird ein Tee aus Gänseblümchenblüten bei Hauterkrankungen, Fieber, Husten und zur Blutreinigung empfohlen. Die großen Mengen an Kalium, Calcium, Magnesium, Eisen,

Vitamin A und C machen den Genuss zu einer gesunden Sache.

▶ **Verwechslungen** Das Alpenmaßliebchen oder Sternlieb sieht dem Gänseblümchen ähnlich, wächst aber in höheren Lagen und ist deutlich größer, mit spitzen Blättern. Über die Verwendung ist nichts bekannt.

Gänseblümchenkapern

Ein ganz besonderer Gaumenschmaus sind die Kapern aus Gänseblümchenknospen, die sich hervorragend zum Verfeinern von Soßen eignen.

› 1 Tasse Gänseblütenknospen
› 1 TL Pfefferkörner
› 200 ml Wasser
› 1 TL Salz
› 150 ml Olivenöl

Wasser mit Salz aufkochen und Knospen und Pfefferkörner 10 Minuten darin ziehen lassen, abtropfen, in saubere Gläser füllen und mit dem

Olivenöl bedecken. Die Gänseblümchenkapern halten sich etwa ein Jahr lang.
▸ **Variante** Verwenden Sie Essig statt Öl.

Wildkräutersalat mit Gänseblümchen

Die Zutaten gibt es kostenlos von der nächsten Wiese – der Aromamix von mild bis wild besticht den Gaumen.

▸ ½ Tasse Gänseblümchen-blüten
▸ nach Geschmack: Löwenzahn, Taubnessel, Sauerampfer, Vogelmiere, Giersch und 4 Blätter Bärlauch
▸ 2 Tomaten
▸ 1 Zitrone
▸ 1 TL scharfer Senf
▸ Olivenöl
▸ Salz, Pfeffer

Wildkräuter säubern und zerkleinern; Tomaten fein würfeln und aus dem Saft der Zitrone, dem Senf, den Gewürzen und zuletzt dem Öl ein Dressing mixen. Wildkräuter auf dem Teller anordnen, Tomatenwürfel, die den bitteren Geschmack etwas mildern, darüber streuen und alles mit der Sauce beträufeln.

Gänseblümchenkapern

Gänseblümchen-sauce

Diese leicht säuerliche Sauce schmeckt hervorragend zu Spargel oder gedünstetem Fisch.

▸ 1 Tasse Gänse-blümchen
▸ 100 g Butter
▸ 100 g Mehl
▸ ½ l Milch
▸ 1 Schalotte
▸ 1 Bund Schnittlauch
▸ 1 Zitrone
▸ Salz, Pfeffer

Schalotte schälen und sehr fein hacken, Gänseblümchen reinigen und ebenfalls fein hacken, beides in der Butter andünsten, Mehl hinzufügen und mit Milch aufgießen. Kurz aufkochen lassen und mit dem Saft der Zitrone und den Gewürzen abschmecken. Mit in kleine Röllchen geschnittenem Schnittlauch überstreuen.

Weiße Taubnessel *Lamium album*

(Tote, Zahme oder Milde Nessel, Lugnessel, Zauberkraut, Blumen-, Kuckucks- oder Wurmnessel)

▶ **Vorkommen** Die krautige, mehrjährige Pflanze bevorzugt nährstoffreiche Lehmböden und erreicht eine Wuchshöhe von etwa 50 cm. Die Blätter am aufrechten, vierkantigen Stängel sind herzförmig mit grob gesägtem Rand und zeigen eine Ähnlichkeit mit der Brennnessel, mit der sie aber weder verwandt ist, noch deren unangenehme Eigenschaft hat, bei Berührung auf der Haut zu brennen. Die Blüten sind weißlich und duften bei Berührung angenehm nach Honig.

▶ **Verwendung** Die jungen Triebspitzen und Blätter geben ein ausgezeichnetes Gemüse mit einem leichten Geschmack nach Pilzen. Kulinarisch reizvoll ist die Kombination mit Brennnesseln. Die Blüten der Taubnessel dienen als Bonbon am Wegesrand, denn man kann sie einfach pflücken und den Honig aussaugen. Außerdem machen sie sich gut als dekorative Garnitur für Salate, Saucen, Suppen und Süßspeisen oder lassen sich zusammen mit den Blättern zu einer herzhaften Kräuterbutter oder zu Kräuterpasteten verarbeiten. Der hohe Gehalt an Kalium, Calcium, Phosphor, Bor, Eisen, Magnesium, Zink und Kupfer machen ein Gericht mit Taubnesseln zu einer sehr gesunden Sache. Die Heilwirkung soll beruhigend und entzündungshemmend sein. Taubnessel am besten bei trockenem Wetter ernten, sonst verlieren die Blüten ihr süßes Aroma.

Taubnesselsalat mit Nüssen

Das Zusammenspiel von Walnussöl und Cashewnüssen in Kombination mit den Blüten und Blättern der Taubnessel ist eine Gaumenfreude der besonderen Art.

▶ 150 g Taubnesselblätter und -blüten
▶ 1 Frühlingszwiebel oder Schalotte
▶ 1 Schnapsglas Balsamico-Essig

Vorsicht vor Verwechslungen!

▶ **Die Taubnessel** kann außerhalb der Blütezeit mit der Purpur-, der Gefleckten Taubnessel oder der Brennnessel und dem Gundermann verwechselt werden. Alle diese „Doppelgänger" sind jedoch ungiftig und ähnlich zu verwerten.

- ½ Schnapsglas Walnussöl
- ½ Schnapsglas Wasser
- 100 g Cashewnüsse
- Pfeffer, Salz

Die gereinigten Blätter zerkleinern, die Blüten abzupfen und zur Seite stellen. Frühlingszwiebel in feine Ringe schneiden, mit den Zutaten für das Dressing vermischen, mit Salz und Pfeffer abschmecken und über dem angerichteten Salat verteilen. Die Cashewkerne hacken und mit den Blüten dekorativ auf dem Salat verteilen.

Mit Taubnessel gefüllte Pfannkuchen

Die Mischung macht's! Hier harmoniert die Taubnessel mit den überbackenen Pfannkuchen – ein herzhaftes Vergnügen.

- etwa 2 Hände voll Taubnesseln
- 3 Eier
- 250 g Mehl
- ½ l Milch
- Butter
- Salz, Pfeffer
- ½ l Béchamelsauce
- Parmesan

Taubnesselsalat

Eier, Mehl und Milch mit einer Prise Salz zu einem Pfannkuchenteig verarbeiten, kurz ausquellen lassen und daraus etwa 8 dünne Pfannkuchen backen. Die Taubnesselblätter abzupfen, reinigen und in etwas Butter andünsten, mit Salz und Pfeffer abschmecken. Den Taubnesselspinat in die Mitte der Pfannkuchen geben, aufrollen und in eine gebutterte Auflaufform schichten. Mit der Béchamelsauce übergießen, mit Parmesan bestreuen und mit Butterflöckchen belegen. Für ca. 10 Minuten bei 190 °C im vorgeheizten Backofen überbacken.

Wohlriechendes Veilchen

Viola odorata (Märzveilchen, Duftveilchen)

▸ **Vorkommen** Diese reizende, kleine Pflanze mit dem großen Geschmack wächst bevorzugt auf nährstoffreichen Böden an Waldrändern, Flussufern und unter Hecken, also gerne an lichten bis halbschattigen Standorten. Die nieren- bis herzförmigen dunkelgrünen Blätter stehen in einer Rosette, die hübschen, violetten Blüten tragen 5 Kronblätter und erscheinen schon im zeitigen Frühjahr. Das intensivste Aroma entwickeln die Blüten, wenn sie morgens gepflückt werden, bereits getrocknet von den ersten Sonnenstrahlen.

▸ **Verwendung** Veilchenblüten sind eine kulinarische Offenbarung und entfalten ihren Geschmack am besten roh als Garnitur in Salaten oder auf Süßspeisen, aber auch in Essig oder in einer Bowle besticht das intensive Aroma. Die Blätter schmecken etwas nussig und passen hervorragend zu Fisch oder zusammen mit den Blüten in Wildkräutersalate.

▸ **Verwechslungen** Es gibt einige kultivierte Veilchenarten, die dem Wohlriechenden Veilchen ähneln, doch meist sind die Blüten und Blätter größer, von hellerer Farbe und geringerem Aroma. Die kultivierten Verwandten des Wohlriechenden Veilchens sind zwar als Garnitur, nicht jedoch für Bowlen oder Essig geeignet. Das Usambara- oder Alpenveilchen gehört, trotz gleichen Namens, nicht zu den Veilchen!

Geschmorter Seewolf mit Veilchenblättern

Eine Delikatesse ist das Filet des Gestreiften oder Gefleckten Seewolfs mit seinem festen Fleisch, hier in Verbindung mit Veilchenblättern.

▸ 4 Filets vom Seewolf
▸ 2 Tassen gereinigte Veilchenblätter
▸ 100 ml trockner Weißwein
▸ 200 ml Gemüsebrühe
▸ 100 ml Weißweinessig
▸ Mehl
▸ Butter
▸ Meersalz, Pfeffer

Fischfilets reinigen, trocken tupfen, salzen, in Mehl wenden und mit der Hautseite nach unten in etwas Butter anbraten. Mit 1 Tasse Veilchenblätter bestreuen und 20–25 Min. im auf 190 °C vorgeheizten Ofen garen. Wein, Weinessig und Gemüsebrühe reduzieren lassen, nach 5 Min. die restlichen Veilchenblätter in der Soße mitziehen lassen, durch ein Sieb gießen, mit der Butter binden und würzen. Den Seewolf anrichten, die Soße

dazugeben und nach Belieben mit Veilchenblättern und -blüten verzieren.

Veilchenessig

Der Veilchenessig besticht durch sein feines Aroma und den fliederfarbenen Ton.

SMART

Antikes Heilkraut

> **Bereits Hippokrates** verwendete das Veilchen als Heilpflanze. Veilchentee soll als Gurgelwasser gegen Halsentzündungen helfen. Dem Duft des Veilchens wird eine ausgleichende Wirkung nachgesagt.

Geschmorter Seewolf mit Veilchenblättern

- › **2 Tassen Veilchenblüten**
- › **½ l Weißweinessig**

Blüten säubern und in den Essig geben. Etwa 1 Woche an einem kühlen dunklen Ort ziehen lassen, wenn gewünscht filtern. Möglichst bald verbrauchen, denn der Essig verliert sein Aroma leider sehr schnell. Die Blüten können im Essig bleiben, oder herausgefiltert werden.

Veilchensorbet

Schmeckt ausgesprochen interessant mit einem Schuss Sekt oder Champagner oder pur als Dessert.

- › **2 Tassen gesäuberte Veilchenblüten**
- › **80 g feiner Zucker**
- › **¼ l Mineralwasser**
- › **1 Zitrone**
- › **Pektinpulver**

Den Zucker mit einer guten Messerspitze Pektinpulver mischen und die Veilchenblüten 2 Tage darin einlegen. Das Mineralwasser und den Saft einer Zitrone dazugeben. Sie können das Veilchensorbet entweder in die Eismaschine geben und als Dessert reichen oder Sie frieren es in schönen Eisbehältern ein.

Den Kräutergenuss verlängern ...

Da die meisten Pflanzen nur eine kurze Saison haben, bietet sich das Konservieren an, um Lieblingskräuter auch noch in der kalten Jahreszeit genießen zu können.

Die einfachste und auch schonendste Art ist das Einfrieren. Alle Pflanzen, die sich als Spinat eignen, wie Giersch, Brennnessel oder auch Sauerampfer lassen sich problemlos einfrieren. Empfindliche Kräuter wie Kerbel oder Bärlauch verlieren dabei jedoch an Aroma oder werden bitter und sind daher ungeeignet. Bei diesen Wildkräutern muss man einfach die Saison auskosten und sich auf die nächste freuen!

Auch mit dem Einlegen der Kräuter in Essig oder Öl lassen sich Frühling und Sommer noch ein bisschen verlängern (s. Seite 32).

Tee- und Gewürzkräuter konservieren

Besonders Kräuter, die als Gewürz fungieren oder zu Tees verarbeitet werden, werden durch Trocknen haltbar gemacht. Brennnesseln hängt man dazu als Strauß gebunden an einen luftigen, schattigen Ort. Die pralle Sonne bekommt den Kräutern nicht: Sie verlieren dadurch an Geschmack, werden fleckig und unansehnlich. In Porzellandosen aufbewahrt, halten sie sich getrocknet bis zu 3 Monate lang. Sie sollten den Doseninhalt regelmäßig kontrollieren, denn manche Kräuter ziehen Feuchtigkeit und schimmeln dann.

Haltbare Früchte

Früchte wie die Beeren des Hollunders, des Sanddorns oder der Eberesche halten sich hervorragend als Sirup oder werden zu Konfitüre eingekocht (s. Seite 52). Wer ein beeriges Tröpfchen liebt, kann die Früchte in Alkohol einlegen oder zu Likör verarbeiten.

Kräutermischung

Zum Würzen von Suppen und Saucen unerlässlich ist diese Kräutermischung.

- je 1 Tasse junge Brennnesselblätter, Löwenzahnblätter, Kerbelblätter, Sauerampferblätter, nach Geschmack noch Petersilie, Brunnenkresse oder Selleriekraut
- 1 Karotte
- 150 g Salz
- 1 Zitrone

Wildkräuter als Heiltees

Teemischung	Heilwirkung
Getrocknete Taubnesselblüten mit schwarzem Tee	positive Wirkung auf die weiblichen Unterleibsorgane
Getrocknete Brennnesselblätter	entgiftend, entschlackend, unterstützend bei Diäten
Getrocknete Mädesüßblüten und -blätter	schmerzstillend und entzündungshemmend

Gereinigte Kräuter grob zerkleinern, mit Salz bestreuen
und zugedeckt stehen lassen.
Öfter umrühren. Die Mischung
zusammen mit der Karotte
und dem Saft der Zitrone im
Mixer zerkleinern und entweder für den sofortigen
Gebrauch in ein Glas füllen
oder portioniert einfrieren
(Haltbarkeit: 6 Monate).

Gewürzsalz

Die ideale Würzmischung
für Salate, Saucen, Suppen,
Gemüse und Quark.

- je ½ Tasse Sauerampfer,
  Bärlauch, Brennnessel, Taubnessel, evtl. Schafgarbe,
  Gundermann
- pro Tasse frischer Kräuter
  100 g Salz

Gereinigte Kräuter im Backofen bei offener Tür und
50 °C auf Backpapier trocknen, zerreiben und noch-
mals einige Zeit im Back-
ofen nachtrocknen lassen.
Mit Salz vermengen und in
saubere, trockenen Gläser
füllen.

Winterwellnesstee

Gereinigte Hagebutten mit
dem Wiegemesser zerklei-
nern und im Backofen bei

Kräutermischung: eine Grundlage für viele Gerichte.

geöffneter Tür bei 50 °C
trocknen. Sie können in
einem gut verschließbaren
Glas aufbewahrt werden.
Den Tee kalt aufsetzen,
wobei auf 2 TL Hagebutte

¼ l Wasser kommt, aufko-
chen und abfiltern. Eine
köstliche Variante ist die
Mischung mit getrockneten
Orangen-, Zitronen- und
Apfelschalen.

 SMART

Trocknen – leicht gemacht

- **Wurzeln** vom Löwenzahn
  oder der Wegwarte trock-
  net man im Backofen bei
  220° C für etwa 15 Min.
  Gemahlen kann die Wur-
  zel dann als Streuwürze
  oder Kaffeesurrogat verwendet werden. Kaffee-
  genuss ohne Koffein und
  magenreizende Stoffe!

- **Auch Beeren,** wie Heidel-
  beeren oder Hagebutten,
  können im Backofen bei
  etwa 50° C und leicht geöffneter Tür getrocknet
  werden. Die Aufbewah-
  rung erfolgt am besten in
  kleinen Mengen in einer
  Pappschachtel oder einer
  Porzellandose.

Huflattich *Tussilago farfara* (Eselshuf, Butterblätter, Hustenkraut, Brustlattich, Heilblatt, Rosslattich, Eselschrut, Hoflörich, Tabakkraut)

▶ **Vorkommen** Der Huflattich mit seinem filzigen Stängel und den haarigen, hufförmigen Blättern wächst in ganz Europa, aber auch in Nordamerika und Nordafrika, bevorzugt auf kalkhaltigen Böden, oft auch auf Steinschutt und an Wegrändern und Uferböschungen. Er wird etwa 30 cm hoch und trägt korbförmige, hellgelbe Blüten, die noch vor den Blättern im Frühjahr erscheinen.

▶ **Verwendung** Kulinarisch interessant sind die Blütenknospen, die sich ab März finden, und die Blätter, über die während des gesamten Sommers verfügt werden kann. Der Huflattich enthält saure Schleimstoffe, Inulin, Gerbstoffe, Flavonoide und schmeckt nach grünem Spargel. Die hustenreizstillende Wirkung von Huflattich machte sich früher die Medizin zu Nutze und verwendete Extrakte aus dieser Pflanze für die Herstellung von Hustensäften.

Kartoffelgratin mit Huflattich

Der feine Geschmack nach grünem Spargel macht das Huflattich-Kartoffelgratin zu einem Geschmackserlebnis der besonderen Art.

▸ **8 Blätter Huflattich**
▸ **400 g Kartoffeln**
▸ **1 kleine Zwiebel**
▸ **2 Eier**
▸ **200 ml Sahne**
▸ **Butter**
▸ **50 g Gruyère**
▸ **Salz, Pfeffer**

Zwiebel fein würfeln und in Butter glasieren. Kartoffeln schälen und in dünne Scheiben schneiden. Auflaufform mit Butter auspinseln und abwechselnd Kartoffeln, gesäuberte Huflattichblätter und Zwiebeln hineinschichten. Eier mit Sahne verquirlen, mit Salz und Pfeffer würzen und über das Gratin gießen. Gruyère darüberhobeln und Butterflöckchen aufsetzen. Im vorgeheizten Backofen bei 180 °C etwa 40 Min. garen.

Huflattich-Blüten-Sauce

Schmeckt hervorragend zu süßen Aufläufen oder Puddings.

▸ **2 Tassen Huflattichblüten mit Stängeln**
▸ **Zucker**
▸ **1 EL Grieß**
▸ **1 Zitrone**
▸ **¼ l leichter Weißwein**

Die gereinigten Huflattichblüten und -stängel zerkleinern, mit 3 EL Zucker bestreuen, mit dem Wein

Kartoffelgratin mit Huflattich

aufgießen und über Nacht ziehen lassen. Den Grieß in einigen EL heißem Wasser anrühren, den Saft der Zitrone hinzufügen und den Wein mit dem Huflattich langsam unterrühren. Die Soße kalt stellen.

Geröstete Huflattichblüten

Eine wahre Delikatesse, die zudem sehr schnell zuzubereiten ist!

▸ 2 Tassen Huflattichblüten mit Stängeln
▸ Olivenöl
▸ Butter
▸ Salz

Die Blüten reinigen und in etwas Butter und Olivenöl in einer Pfanne goldbraun anrösten. Mit Salz würzen.

Huflattichrührei

Erleben Sie Rührei einmal ganz anders - mit Huflattich bekommt es eine ganz neue Note.

▸ 2 Tassen kleingeschnittener Huflattich (auch mit Blüten)
▸ Butter
▸ 3 Eier
▸ ½ Tasse Milch
▸ Salz, Muskat, Pfeffer

Die Huflattichstängel und -blüten reinigen, in leicht

gesalzenem Wasser kurz aufkochen lassen, herausnehmen, ausdrücken und zerkleinern. In etwas Butter andünsten, Eier mit Milch und den Gewürzen verquirlen, über den Huflattich geben und stocken lassen.

Vorsicht bei übermäßigem Verzehr!

› **Es gibt Hinweise darauf, dass die Pflanze – allerdings nur bei schlechten Wachstumsbedingungen – Pyrrolizidinalkaloide bildet, die in größeren Mengen leberschädigend wirken können.**

Gewöhnlicher Giersch

Aegopodium podagraria (Geiß- oder Ziegenfuß, Zaungiersch, Schettele, Gicht-, Zipperlein- oder Podagrakraut)

▶ **Vorkommen** Der Giersch kommt in großen Mengen auf feuchten, nährstoffreichen Böden vor und wächst oft auf schattigen Wiesen und in Au- und Laubwäldern. Häufig ist er auch in Gärten anzutreffen, sehr zum Leidwesen der Besitzer, die meist nichts von der kulinarischen Offenbarung wissen, die der Giersch als Wildgemüse sein kann.

Der Wuchs ist aufrecht, die Blätter sind hellgrün, glänzend, eiförmig, scharf gesägt und dreiteilig. Die Blüten wachsen in zusammengesetzten Dolden mit kleinen, weißen Einzelblüten.

▶ **Verwendung** Zerriebene Blätter duften appetitlich nach Wurzelgemüse, also einer Mischung aus Karotte, Pastinake, Petersilie und Sellerie und so geben sie sich auch geschmacklich. Die Inhaltsstoffe überzeugen zudem mit viel Vitamin A und C, Kalium, Calcium, Mangan und Kupfer, zudem einer gehörige Portion an Eiweiß, was den Giersch auch für die vegetarische Küche besonders interessant macht. Die Blattschößlinge können im März und April geerntet werden, die Blätter fast ganzjährig, allerdings schmecken sie vor der Blüte am besten.

▶ **Verwechslung** Der Giersch hat Doppelgänger, von denen einige leider auch giftig sind, daher ist Vorsicht geboten. Der Aromatische Kälberkopf ähnelt dem Giersch sehr, ist jedoch deutlich be-

SMART

> ### Altbewährtes Wundermittel
>
> › **Als Dauergast in Klostergärten** ist seine Heilwirkung unbestritten: Er wirkt leicht abführend, antirheumatisch, entwässernd, entzündungshemmend, harntreibend und verdauungsanregend – ein wahres Wunderkraut!

haart und graugrün. Seine Blätter verströmen beim Zerreiben einen dem Giersch ähnlichen Duft, sind ungiftig, aber nicht so aromatisch und spielen in der Küche keine Rolle.

Unglücklicher kann die Verwechslung mit dem Schierling oder dem Riesen-Bärenklau ausgehen, denn diese Pflanzen sind beide sehr giftig. Deshalb sollte man unbedingt auf den Querschnitt der Blattstiele achten: Ist er dreieckig, haben Sie Giersch vor sich; hat er einen anderen Querschnitt, handelt es sich mit großer Wahrscheinlichkeit um einen giftigen Doppelgänger.

Gierschsenf

Schmeckt wunderbar würzig und kann als Variante mit Bärlauch hergestellt werden.

- 2 Tassen klein gehackter Giersch oder Bärlauch
- 100 g Senfkörner
- 150 g Senfmehl
- 350 ml Weißweinessig
- 200 ml Weißwein
- 125 g Zucker
- Salz

Essig, Weißwein, Zucker und 1 TL Salz zusammen mit dem fein gehackten Giersch oder Bärlauch aufkochen. Etwas abkühlen lassen, Senfmehl und -körner dazugeben und alles gut vermengen. Noch warm in saubere Gläser füllen und verschließen. Mindestens zwei Wochen ziehen lassen.

Gierschsirup

Dieser Sirup aus Giersch und Minze schmeckt zu Eis, süßen Pfannkuchen oder Pudding.

- 1 Tasse Gierschblüten
- ½ Tasse Minzblätter
- 1 EL Rohrzucker
- 1 Prise Pektin

Gereinigte Wildpflanzen in etwas Wasser etwa 10 Min.

Gurkensalat mit Giersch

lang kochen und danach abseihen. Rohrzucker und Pektin vermischen. Das abgeseihte Wasser mit dem Zucker-Pektin-Gemisch verrühren und weitere 10 Min. einkochen lassen, bis der Saft eindickt. Schmeckt kalt und warm.

Gurkensalat mit Giersch

Der erfrischende Salat ist der Hit an heißen Sommertagen und zudem eine reine Vitaminbombe.

- 1 Tasse Gierschblätter
- 1 Salatgurke
- 2 Äpfel
- 2 Schalotten
- 5 EL Sahne
- 3 EL Apfelsaft
- 1 TL Zitronensaft
- Salz, Zucker oder Honig

Die Gurke, Äpfel und Schalotten schälen und würfeln, die gereinigten Gierschblätter von den Stängeln befreien und zerkleinern. Die anderen Zutaten vermischen, mit den Gewürzen abschmecken und über den angerichteten Salat träufeln.

Bärlauch *Allium ursinum* (Küchenkraut, Wilder Knoblauch, Hexenzwiebel, Knoblauchspinat, Zigeunerlauch)

▶ **Vorkommen** Die würzige Pflanze aus der Familie der Zwiebelgewächse ist die erste Nahrung der Bären nach ihrem Winterschlaf und hat wohl daher ihren Namen. Sie wächst häufig in schattigen Auen und Auwäldern und erreicht eine Wuchshöhe von 20 bis 50 cm. Die langstieligen, grundständigen, lanzettförmigen Laubblätter werden bis zu 5 cm breit, die weißen, sternförmigen, dreizähligen Blüten bilden eine Dolde aus 5 bis 20 Einzelblüten.

▶ **Verwendung** Kulinarisch interessant sind vor allem die Blätter, die seit einigen Jahren eine Renaissance erfahren, aber auch Blüten und Zwiebeln können verwertet werden. Der Geschmack ist knoblauchartig und sehr aromatisch. Die Pflanze enthält nicht unerhebliche Mengen an Lauchölen, Flavonoiden, Biokatalysatoren, Fructosanen und viel Vitamin C, Eisen, Magnesium und Mangan.

▶ **Verwechslungen** Vorsicht: Bärlauch ähnelt der giftigen Herbstzeitlose und dem ebenfalls giftigen Maiglöckchen; allerdings ist der Bärlauch wegen seines intensiven Knoblauchgeruchs leicht auszumachen. Er kann auch mit den jüngeren und giftigen Pflanzen des gefleckten Aronstabs, der Herbstzeitlosen oder dem Maiglöckchen verwechselt werden.

Ziegenkäse-Bärlauchspieße

Die köstlichen Spießchen für die Gartenparty sind gut vorzubereiten und schmecken warm und kalt.

▸ 6 Blätter Bärlauch
▸ 200 g Ziegenschnittkäse
▸ Cocktailtomaten
▸ 4 Schaschlikspieße
▸ Olivenöl
▸ Pfeffer, Salz

Bärlauchblätter gründlich waschen und trocken tupfen. 4 besonders große Blätter beiseite legen, die übrigen klein schneiden und mit dem Olivenöl und den Gewürzen mischen. Ziegenkäse in 4 längliche Stücke schneiden, mit den großen Bärlauchblättern mittig umwickeln, aufspießen, eine Tomate hinzufügen und im Olivenöl

Tausendsassa Bärlauch!

> Auf Grund der antibakteriellen Inhaltsstoffe wirkt Bärlauch bei Magen- und Darmstörungen, senkt den Blutdruck, wirkt Gefäßverkalkungen entgegen und ist daher ein gutes Prophylaxemittel gegen Herzinfarkt.

in einer Pfanne kurz bei geringer Hitze anbraten. Schmeckt auch hervorragend auf einem Salat aus Löwenzahn.

Bärlauchsalsa

Die Bärlauchsalsa schmeckt nach Urlaubsgefühlen pur!

- 20 Blätter Bärlauch
- 1 kleine gelbe Paprikaschote
- 1 frische rote Chilischote
- 1 unbehandelte Limette
- 4 EL Olivenöl
- Salz, Pfeffer, Kreuzkümmel

Bärlauch gründlich waschen, trocken tupfen und fein hacken. Paprika und Chili sehr klein würfeln, Limette abreiben, auspressen und den

Bärlauchrisotto

Saft mit der Schale, Olivenöl, Gemüse und Gewürzen vermengen.

Bärlauchrisotto

Der kultige Frühlingsbote tritt hier mit grünem Spargel auf – eine umwerfende Komposition!

- 1 Bund Bärlauch (etwa 30 Blätter)
- 500 g grüner Spargel
- 250 g Risottoreis
- 2 Frühlingszwiebeln
- Parmesan
- ½ l Gemüsebrühe
- 150 ml Sahne
- Olivenöl
- Salz, Pfeffer

Grünen Spargel putzen, in kleine Stücke schneiden und in Olivenöl andünsten. Risottoreis in einem Topf mit Olivenöl anrösten, klein geschnittene Frühlingszwiebeln kurz hinzufügen und mit Gemüsebrühe ablöschen. Etwa 10 Min. kochen, bis der Reis al dente ist, dann Spargelstücke, klein geschnittenen Bärlauch, geschlagene Sahne hinzugeben, würzen und abschmecken. Parmesan darüberhobeln. Dekorativ sieht das Risotto aus, wenn man ein ganzes Bärlauchblatt an den Rand eines Förmchens legt, den Reis einfüllt und das Ganze mit Spargel dekoriert.

Sommerzeit

24 Erfrischung gefällig?

25 Roter Klee

26 Echter Kerbel

28 Echtes Mädesüß

30 Großer Sauerampfer

SPEZIAL 32 Würzige i-Tüpfelchen

34 Vogelmiere

36 Schwarzer Holunder

38 Hirtentäschelkraut

40 Kleiner Wiesenknopf

42 Löwenzahn

Erfrischung gefällig?

Der Sommer mit seinen heißen, sonnigen Tagen weckt das Bedürfnis nach frischen Salaten, fruchtigen Blüten und leichten Desserts. Der Rote Klee bietet seine kugeligen Blüten an, das Echte Mädesüß verführt zu sahnigen Desserts und Vogelmiere, Sauerampfer und Hirtentäschelkraut versprechen einen frischen Salatgenuss. Ein Sommerspaziergang bringt reiche Beute an frischen Kräutern und Blüten und wer sich den Sommer bis in den Herbst und Winter hinein erhalten will, wird an Wildkräuteressig oder Würzölen seinen Gefallen finden. Auch auf den Herrengold-Likör kann man sich an einem kalten Wintertag freuen.

Ein knackiger Salat – erfrischender Genuss im Sommer.

Eigenanbau

Wer sich die zeitintensive Suche nach Wildkräutern sparen will, kann sich einen kleinen Wildkräutergarten selber anlegen. Im Internet werden einige Wildpflanzensamen angeboten oder man sammelt sie auf Wiesen und an Waldrändern. Der Giersch, die Brennnessel und die Vogelmiere finden sich meistens in fast jedem Garten – warum also mit Unkrautvernichter vorgehen, wenn man die Pflanzen auch einfach aufessen kann?

Vorräte anlegen!

Ein sich im Laufe der Sommermonate mehr und mehr füllender Vorratsschrank war früher der Stolz jeder Hausfrau. Auch heute freut man sich über selbst getrocknete Tees, Essig und Öl der Marke Eigenbau und selbst gerührten Senf – da weiß man, was drin ist, und verlängert den Genuss sommerlicher Freuden in die kalte Jahreszeit hinein. Hübsch dekoriert ist solch ein selbst kreiertes Würzsalz oder der Preußische Kaffee aus Löwenzahn- oder Wegwartewurzeln ein tolles Mitbringsel.

Roter Klee *Trifolium pratense* (Wiesenklee)

▸ **Vorkommen** Die ausdauernde Pflanze wird bis zu 40 cm hoch und wächst auf leicht feuchten Wiesen. Die eiförmigen dreizähligen Blätter haben hellere Flecken in der Mitte, der Stängel trägt die kugeligen, violett-roten Blüten, die angenehm süßlich duften.

▸ **Verwendung** Schmackhaft sind Triebe und Blätter, die von April bis Juni geerntet werden können und leicht nach Erbsengemüse oder Feldsalat schmecken. Die Blüten haben einen honigartig süßen Geschmack. Der Eiweißanteil in den Blättern ist sehr hoch, ebenfalls der an Kalzium, Phosphor, Natrium, Kupfer, Eisen und den Vitaminen A, B, C, D und E. Der Rote Klee enthält Phytoöstrogene, die gegen Wechseljahresbeschwerden helfen sollen.

▸ **Verwechslung** Außerhalb der Blütezeit ähneln sich der Weiße und der Rote Klee sehr, eine Verwechslung ist allerdings unbedenklich, denn auch der Weiße Klee enthält keine toxischen Stoffe; er ist jedoch nicht so schmackhaft.

Süße Nudeln mit Rotem Klee

Eine interessante Mischung aus süß und salzig sind diese gebratenen Nudeln.

▸ 2 Tassen Blüten vom Roten Klee
▸ 500 g Eiernudeln
▸ 100 g Weintrauben oder Rosinen
▸ 2 Orangen
▸ 100 g ganze Walnüsse
▸ Butter
▸ Salz, Pfeffer

Nudeln in Salzwasser kochen, abgießen und mit Butter zusammen mit den gereinigten Blüten anbräunen. Orangen schälen, filetieren und mit halbierten und entkernten Trauben und Walnüssen zu den Nudeln geben. Mit den Gewürzen abschmecken.

Blumenstraußsalat

Ein ganzer Blumenstrauß voller farbenfroher Blüten ziert den Eisbergsalat.

▸ 2 ½ Tassen gemischte Blüten (z. B. Roter Klee, Taubnessel,

Wiesenkerbel, Ringelblume, Kapuzinerkresse, Gänseblümchenknospen)
▸ 1 Eisbergsalat
▸ 1 Apfel
▸ 2 EL Distelöl
▸ 1 EL Obstessig
▸ 3 EL Apfelsaft
▸ Salz, Pfeffer

Blüten reinigen, Eisbergsalat zerteilen, Apfel schälen und würfeln. Alle anderen Zutaten zu einer Marinade verrühren. Salat anrichten, Blüten dekorativ darüber verteilen und mit Marinade beträufeln.

Echter Kerbel

Anthriscus cerefolium (Garten-Kerbel, Kerbelkraut)

▸ **Vorkommen** Die Wärme liebende Pflanze bevorzugt die Nähe von Weinreben und wächst an Böschungen, Hecken und Zäunen. Die Blätter ähneln denen des Möhrenkrauts, sind zwei- bis dreifach gefiedert, haben einen dreieckigen Umriss und sind von frischer, grüner Farbe. Die Blüten wachsen in Doppeldolden, die aus vielen winzigen weißen Einzelblüten bestehen.

SMART

Anregend für den Stoffwechsel

› **Kerbel enthält** ätherische Öle, Bitterstoffe, Apiin und Flavonoglykoside, die verdauungsfördernd, blutreinigend, harn- und schweißtreibend wirken.

▸ **Verwendung** Vom zeitigen Frühjahr bis in den Herbst hinein können die Blätter als Gewürz für Suppen, Gemüse oder Kräuterbutter verwendet werden. Der feine, würzige Geschmack nach Anis, Möhren und Kümmel ist unverwechselbar. Die köstlichen Blütenknospen bereichern jeden Frühlingssalat oder schmecken eingelegt wie die Gänseblümchenknospen (Seite 8) als Antipasti.

▸ **Verwechslungen** Kerbel ähnelt dem Kälberkopf und dem Schierling, zwei sehr giftigen Pflanzen. Unterscheidungen sind auf Grund des Geruchs aber sehr wohl möglich, denn nur der Kerbel riecht nach Anis. Der Kälberkopf hat geruchslose

Blätter und die des Schierlings riechen sehr unangenehm nach Mäuseurin, was den Appetit auf eine Verarbeitung in der Küche nicht gerade anregt.

Kerbelvinaigrette

Diese frische Sauce passt zu Spargel, Blumenkohl oder gedünstetem Fisch.

▸ **einige Blätter Kerbel, Hirtentäschelkraut, Sauerampfer, Löwenzahn oder Giersch**
▸ **2 hartgekochte Eier**
▸ **1 Schnapsglas weißer Balsamicoessig**
▸ **1 Schnapsglas Sonnenblumenöl**
▸ **etwas Senf**
▸ **Salz, Pfeffer**

Die gereinigten Kräuter fein hacken. Essig, Öl und Senf verrühren, mit Salz und Pfeffer abschmecken und die Kräuter untermischen. Eier fein hacken und hinzufügen. Nach Belieben mit den gleichen Blüten wie beim Blumenstraußsalat (Seite 25) garnieren. Die Kapuzinerkresse passt hervorragend.

Kräuteromelette mit grünem Spargel

Dieses grüne Omelette besticht durch die Kombination von Wiesenkräutern mit grünem Spargel.

- ▸ 1 Tasse Kerbel
- ▸ 1 Tasse Wiesenkräuter
  (z. B. Bärlauch, Sauerampfer, Gänseblümchenblätter, Blätter des Roten Klees)
- ▸ 8 Stangen grüner Spargel
- ▸ 6 Eier
- ▸ 2 Schnapsgläser Milch
- ▸ Butter
- ▸ Salz, Pfeffer, Zucker

Die gereinigten Kräuter fein hacken, die Eier mit der

Kerbelvinaigrette

Milch verquirlen und würzen; den Spargel reinigen, in kleine Stückchen schneiden und nach Belieben blanchieren. Etwas Butter in der Pfanne zerlassen, die Eimasse hineingeben und leicht stocken lassen. Die Kräuter und den Spargel dazugeben, das Omelette wenden und von der anderen Seite fertig backen.

Kerbel-Pistazien-Pesto

Diese Pesto-Variante mit Kerbel und Pistazien ist wunderbar frühlingsgrün

und passt besonders gut zu frischem Spargel.

- ▸ 2 Tassen Kerbel
- ▸ 1 Knoblauchzehe
- ▸ ½ Tasse geschälte Pistazien
- ▸ 1 unbehandelte Zitrone
- ▸ Olivenöl
- ▸ Salz, Pfeffer, Zucker

Den Kerbel reinigen, die Stängel entfernen und zusammen mit den Pistazien, der abgeriebenen Zitronenschale, der Knoblauchzehe und etwas Öl fein pürieren. Mit den Gewürzen abschmecken und nach Belieben noch Öl oder etwas Spargelwasser hinzufügen.

Echtes Mädesüß *Filipendula ulmaria* (Wiesenkönigin, Wiesengeißbart, Rüsterstaude, Federbusch, Spierstrauch, Stopparsch)

▸ **Vorkommen** Das Echte Mädesüß wächst sehr gerne in feuchten Gräben, an Uferböschungen und in Auenwäldern. Die elegante Pflanze ist mit ihrer imposanten Wuchshöhe von bis zu 2 m nicht zu übersehen und trägt ihren Namen „Wiesenkönigin" zu recht. Der Stängel ist oft rötlich und verzweigt sich im oberen Teil. Die lebhaft grünen Fiederblättchen sind stark geädert, unterschiedlich in der

Größe und duften beim Zerreiben nach Gurke.

Die kleinen, cremefarbenen Blüten erinnern an Holunderblüten. Sie verströmen einen wunderbaren Duft nach Honig und Mandeln mit einem Hauch Mimose. Die Wurzeln riechen wie Kaugummi.

▸ **Verwendung** Die jungen Blätter können schon im April geerntet werden und fügen sich harmonisch mit anderen Kräutern zu einer würzigen Suppe oder der berühmten Grünen Soße. Die Blüten stehen ab Juni zur Verfügung und lassen sich zu Likör oder Süßspeisen verarbeiten. An einem warmen, trockenen Ort auf einem Tablett getrocknet, kann man sie auch für den Winter konservieren.

▸ **Verwechslungen** Das Knollen- oder Kleine Mädesüß sind die Doppelgänger des Echten Mädesüß, wachsen jedoch an trockenen Standorten. Ihre Pflanzenteile könnten genauso wie die des Echten Mädesüß verwertet werden, aber da sie sehr selten sind, ist von einer Verarbeitung abzuraten.

Herrengold

Aus dem Echten Mädesüß lässt sich ein ganz hervorragender, etwas herber Likör herstellen, der mit zunehmender Reifung immer feiner im Geschmack wird.

▸ 12-15 Blütentriebe des Mädesüß
▸ 1 l Cognac oder Weinbrand
▸ Wasser
▸ 250 g Zucker

Blüten gut ausschütteln, säubern, jedoch nicht waschen und von den groben Stängeln befreien. In ein großes Einmachglas geben und mit

SMART

Natürliche Schmerzbekämpfung

› **Das Echte Mädesüß** enthält entzündungshemmende Wirkstoffe, die früher zur Herstellung von Aspirin verwendet wurden. Als Tee aufgebrüht, wirken die Blüten und jungen Blätter harntreibend und entzündungshemmend.

Alkohol begießen; mindestens 3 Wochen ziehen lassen.
Zucker und ¼ l Wasser bis auf die Hälfte einkochen, Ansatz abseihen, mit der Zuckerlösung mischen und in saubere Flaschen füllen. Als Dekoration können Sie dem Likör einzelne Blüten oder Blattgold-Glitter zusetzen.

Mädesüßmilch

Diese aromatisierte Milch ist eine gute Grundlage für viele Süßspeisen, wie Pudding oder Grießbrei.

Herrengold

▸ 2 Tassen Mädesüßblüten
▸ 1 l Milch

Milch zum Kochen bringen und die gereinigten Blüten etwa 10 Min. lang darin ziehen lassen. Durch ein Sieb gießen und in eine saubere Flasche füllen.

Mädesüßsauce

Eine salzige Variante aus Mädesüß passt bestens zu gedünstetem Fisch oder Geflügel.

▸ 3 Tassen noch knospige Blüten vom Mädesüß
▸ 100 g Schlagsahne
▸ 300 ml Wasser
▸ Salz

Die Blüten reinigen und einige für die Dekoration beiseite legen. Die restlichen Blüten in Wasser etwa 10 Min. auskochen, abseihen, die Sahne zum Mädesüßwasser hinzufügen und mit Salz abschmecken. Schmeckt warm am besten.

Großer Sauerampfer

Rumex acetosa (Wiesensauerampfer)

▶ **Vorkommen** Während der Sauerampfer bei uns vor allem wild wächst, steht er in England, Belgien und Frankreich in beinahe jedem Kräutergarten. Die Pflanze bevorzugt nährstoffreichen Boden. Sie hat aufrechte Stängel und kann eine Wuchshöhe von 1 m erreichen. Die Blätter sind länglich, langstielig und pfeilförmig, der Blütenstand rispenförmig und unscheinbar grün, ins Rötliche verlaufend.

▶ **Verwendung** Der aromatisch-säuerliche Geschmack der rohen Sauerampferblätter ist seit Kindertagen

Vorsicht: Oxalsäure

❯ **Sauerampfer** enthält neben wertvollen Inhaltsstoffen auch einen hohen Anteil an Oxalsäure, wie auch Spinat und Mangold. Oxalsäure erschwert den Kalziumaufbau in den Knochen. Daher sollte Sauerampfer nicht täglich in größeren Mengen verzehrt werden.

vertraut. Er gehört in jede Grüne Sauce und zu den Neunerlei Kräutern, die an Maria Himmelfahrt geweiht werden. Mit seinem hohen Gehalt an Vitamin C und Eisen und einer beachtlichen Menge an Eiweiß ist er auch sehr gesund. Allerdings findet er als Heilpflanze keine Verwendung mehr.

▶ **Verwechslungen** Der Aronstab sieht dem Sauerampfer ein bisschen ähnlich. Die Blätter beider Pflanzen haben am Stiel einen charakteristisch geformten Zipfel. Im Gegensatz zum Sauerampfer macht dieser beim Aronstab einen weit ausholenden Bogen nach außen. Die Zipfel

des Sauerampfers gleichen eher einem spitzen Bogen nach innen. Die Verwechslung mit dem Aronstab kann unangenehme Folgen haben, denn er enthält toxische Substanzen, die ein Brennen im Mund verursachen.

Saibling oder Forelle mit Sauerampfersauce

Zu Fisch passt die leicht saure Note der Sauerampfersauce sehr gut.

❯ **20 große Sauerampferblätter**
❯ **4 Schalotten**
❯ **1 Zitrone**
❯ **4 Forellen oder Saiblinge**
❯ **Weißwein**
❯ **¼ l Schlagsahne**
❯ **Butter**
❯ **Salz, Pfeffer**

Die Fische säubern, mit Zitronensaft säuern, salzen und in Butter leicht anbraten. Mit einem Glas Weißwein ablöschen und bei kleiner Flamme köcheln lassen. Die Schalotten schälen, fein würfeln, die Sauerampfer-

blätter reinigen und mit den Schalotten in einer zweiten Pfanne in Butter leicht andünsten. Ebenfalls mit einem Glas Weißwein ablöschen, Sahne hinzugeben, reduzieren lassen und mit dem Stabmixer pürieren. Mit Salz und Pfeffer abschmecken und zu dem Fisch reichen.

Sauerampfer-Himbeer-Salat

Bei diesem Salat gehen Sauerampfer und Himbeeren eine ungewöhnliche Bindung für ein überraschendes Geschmackserlebnis ein.

- 2 Hände voll Sauerampfer
- 1 Hand voll Rucola
- 1 Hand voll Portulak
- ½ Tasse Himbeeren
- 5 EL Pflanzenöl
- 3 EL Himbeeressig
- 1 TL milder Senf
- 2 EL Himbeergelee
- Salz, Pfeffer, Zucker

Salate reinigen und die großen Blätter zerkleinern. Den Essig, das Öl, Senf und Himbeergelee zu einem Dressing verarbeiten, mit den Gewürzen abschmecken und über dem Salat verteilen. Die Himbeeren dekorativ darauf verteilen.

Sauerampfer mit Erdbeeren

Sauerampfermarinade für Fleisch

Als Fleischzartmacher früherer Zeiten ist die Sauerampfermarinade auch eine wunderbare Würze, vor allem für Sauerbraten.

- 1 Hand voll Sauerampferblätter
- 1 Zwiebel
- ¼ l Weißweinessig
- 5 Wacholderbeeren
- 2 Lorbeerblätter

Essig mit ¼ l Wasser, den Gewürzen und der Zwiebel aufkochen und die fein geschnittenen Sauerampferblätter hinzufügen. Das Fleisch darin 2 bis 3 Tage marinieren.

Sauerampfer mit Erdbeeren

- 3 Hände voll Sauerampfer
- 1 Tasse Erdbeeren
- 3 EL Balsamicoessig
- 3 EL Olivenöl
- Salz

Den gereinigten Sauerampfer in große Stücke schneiden. Aus Essig, Öl und Salz eine Marinade bereiten und diese auf dem mit den Erdbeeren angerichteten Salat verteilen.

Würzige i-Tüpfelchen

Wer Würziges und gleichzeitig den frischen Geschmack von Kräutern schätzt, wird das Verfeinern von Speisen mit Essig, Öl, Senf und Pesto aus Wildkräutern lieben. Außerdem bieten sie die Möglichkeit, Ihr Lieblingskraut über seine Wachstumszeit hinaus zu genießen.

Kräuteressig

Essig ist ein stark sauer schmeckendes Würz- und Konservierungsmittel, dessen Zubereitung zu den ältesten Lebensmittelherstellungsverfahren der Menschheit zählt.

Lindenblütenessig

So wird die milde Süße der Lindenblüten konserviert.

Dieser Essig schmeckt am besten auf Obstsalat.

- 1 Tasse Linden- oder Holunderblüten
- 100 g Bienenhonig
- 2-3 unbehandelte Zitronen
- 3 l Obstessig

Den Obstessig aufkochen und über die gereinigten Lindenblüten gießen. Den Bienenhonig darin auflösen und die dünn abgezogenen Schalen der Zitronen zufügen. Etwa 3 Wochen ziehen lassen. Dann abfiltern und in saubere Flaschen füllen.

Essig mit wilden Blüten aromatisiert

Die zarten Blüten geben dem Essig ein feines Aroma.

- 1 Tasse Blüten von Holunder, Veilchen, Rosen oder Lavendel
- 500 ml Weißweinessig

Gereinigte Blüten mit Essig übergießen und 2 Wochen an einem kühlen Ort ziehen lassen. Abfiltern und in saubere Flaschen füllen.
Sehr apart ist auch die Variante, nach der einige Zitronenscheiben dem Essig beigefügt werden. Sie verleihen dem Ganzen eine frischere Note.

Würzöle

Einige wenige Tropfen eines köstlichen, mit Wildkräutern angereicherten Öls verfeinern fast jedes Gericht. Zum Aromatisieren eignen sich alle nicht zu geschmacksintensiven Öle wie Oliven- oder Sonnenblumenöl. Die Kräuter müssen sehr sauber und trocken sein, damit es nicht zu unerwünschten Gärungen kommt. Wenn beim Öffnen der Flasche Blasen aufsteigen oder sich der Deckel von allein öffnet, weil er unter Druck steht, ist das Öl verdorben.

Essig für Gourmets

Lindenblütenessig	für alle fruchtigen Rezepte und besonders auf Obstsalat
Veilchenessig	passt zu allen Frühlingssalaten
Holunderblütenessig	verfeinert fast alle Salate, besonders Spargelsalat

Pestos

Die berühmte ungekochte Würzsauce ist im italienischen Original eine Mischung aus Basilikum, Pinienkernen, Parmesan, Olivenöl und Knoblauch. Daneben existieren zahllose Abwandlungen mit Wildkräutern, die wahre Geschmackskünstler sind.

Löwenzahn-Rucola-Pesto

- 3 Frühlingszwiebeln
- 1 Tasse gehackte Löwenzahnblättchen
- 1 Tasse Rucolablätter
- 2 Knoblauchzehen
- 3 EL Balsamicoessig
- 3 EL Weißweinessig
- 3 EL Sauerrahm
- 50 g Parmesan
- 50 g schwarze Oliven
- Salz, Pfeffer, Zucker

Gereinigte und klein geschnittene Frühlingszwiebeln zusammen mit den ebenfalls gereinigten Kräutern, dem geschälten Knoblauch und dem Parmesan im Mixer pürieren, den Essig und den Sauerrahm hinzufügen und mit den Gewürzen abschmecken. Dazu passen Spaghetti mit in Scheiben geschnittenen Oliven.

Essig und Öl lassen sich mit verschiedenen Kräutern aromatisieren.

Senfgrundrezept

Für dieses Grundrezept werden nur die gelben Senfkörner verwendet. Je mehr schwarze Senfkörner hinzugefügt werden, desto schärfer wird der Senf. Dosieren Sie also ganz nach eigenem Geschmack und probieren Sie verschiedene Mischungen aus!

- 50 g gelbe Senfkörner oder Senfmehl
- Kräuter, z. B. Bärlauch, Giersch, Hirtentäschel, Brennnessel
- ¼ l Weinessig
- Salz, Zucker oder Honig

Senfkörner in der Kaffeemühle auf niedrigster Einstellung mahlen, denn das Senfmehl sollte sich nicht über 30 °C erhitzen. Es kann aber auch nur Senfmehl oder ein Gemisch aus beidem verwendet werden. Die gewünschten Kräuter anschließend ebenfalls zerkleinern, mit dem Senfmehl und dem Weinessig verrühren und den Gewürzen abschmecken. I saubere Gläser abfüllen und fest verschließen. Nach Bedarf Wasser zufügen. Nach einigen Tagen entfaltet der Senf sein volles Aroma.

Vogelmiere

Stellaria media (Sternmiere, Hühnerdarm, Mäusedarm)

▸ **Vorkommen** Diese schmackhafte, kleine Pflanze mit den sternförmigen, winzigen weißen Blüten findet sich fast weltweit in Gärten, auf Wiesen, an Wegrändern, ja sogar in Balkonkästen. Bei guter Wasserversorgung wächst sie weit verzweigt, eher kriechend bis leicht hängend mit kleinen, fleischigen Blättern gerne auf nährstoffreichen Böden.

▸ **Verwendung** Die ganze Pflanze findet in der Wildkräuterküche Verwendung. Sie schmeckt leicht nach einer Mischung aus Kopfsalat und frischem Mais.

Vogelmierensalat mit Wildkräuterfrischkäse-Nockerln

Vogelmiere ganz frisch mit grünen Nockerln, eine interessante Kombination.

▸ 3 Tassen Vogelmiere
▸ je 1 Tasse Brunnenkresse, Brennnessel und Löwenzahn
▸ 200 g Cocktailtomaten
▸ 500 g Magerquark
▸ 1 Knoblauchzehe
▸ 4 EL Balsamicoessig
▸ 4 EL Olivenöl
▸ Salz, Pfeffer

Brennnessel verlesen und 1 Min. in kochendem Salzwasser blanchieren. Nach dem Abtropfen zusammen mit einigen Zweigen der Brunnenkresse, einigen Blättern Löwenzahn, etwas Vogelmiere und der Knoblauchzehe sehr fein hacken. Mit

Magerquark vermischen, mit Salz und Pfeffer abschmecken und 1 Stunde zum Durchziehen kalt stellen. Die restlichen Kräuter waschen, trockentupfen und zusammen mit den Tomaten auf dem Teller anrichten. Aus Essig, Öl, Salz und Pfeffer eine Marinade herstellen und über den Salat träufeln. Die Frischkäsemasse mit zwei feuchten Esslöffeln formen und auf dem Salat anrichten.

Vogelmierenpolenta

Ein schnelles und einfaches Gericht, das mit Salat oder Vogelmierenspinat ergänzt ausgezeichnet schmeckt.

Ein wahrer Gesundbrunnen

▸ **Die Pflanze** enthält sehr viel Calcium, Kalium, Magnesium, Eisen, die Vitamine A, B1, B2 und B3 und mehr Vitamin C als eine Zitrone, zudem das Spurenelement Selen und Kieselsäure.

Vogelmierenpolenta

- 1 Tasse gehackte Vogelmiere und einige Zweige zur Dekoration
- 50 g Maisgries
- 50 g weiche Butter
- 50 g geriebener Parmesan
- Olivenöl
- Salz, Pfeffer

¼ l Wasser mit dem Maisgries aufkochen und ausquellen lassen. Griesmasse mit der Butter, dem Parmesan und der gehackten Vogelmiere vermischen, mit Salz und Pfeffer abschmecken und etwa 1 cm dick ausstreichen. Vor dem Servieren in Quadrate schneiden und in Olivenöl ausbacken.

Vogelmierenspinat

Passt ideal zur Vogelmierenpolenta.

- 3 Tassen Vogelmiere (etwa 150 g)
- Salz, Pfeffer, Zucker

Die geputzte Vogelmiere ganz kurz in heißem Wasser blanchieren und mit den Gewürzen abschmecken.

Vogelmieren-Apfel-Salat

Eine frische, fruchtige Symphonie aus Apfel und Vogelmiere eröffnet ganz neue Geschmackserlebnisse.

- 4 Hände voll Vogelmiere
- 1 säuerlicher Apfel
- ½ Schnapsglas Distelöl
- 1 Zitrone
- ½ Schnapsglas Wasser
- 100 g Haselnüsse
- Salz, Pfeffer

Die gesäuberte Vogelmiere grob hacken und anrichten. Den Apfel schälen, entkernen und in feine Scheiben schneiden, mit Zitronensaft beträufeln. Den restlichen Zitronensaft mit Distelöl und Wasser zu einem Dressing verrühren, Gewürze hinzugeben und abschmecken. Die Apfelschnitze über dem Salat verteilen und das Dressing darüberträufeln. Die Haselnüsse hacken und dekorativ auf dem Salat verteilen.

Schwarzer Holunder
Sambucus nigra (Holder, Holler)

▸ **Vorkommen** Der Holunder ist ein schnell wachsender Strauch, der bevorzugt auf stickstoffreichen Böden in Siedlungen und an Waldrändern wächst. Die Blätter sind oval und spitz zulaufend und erscheinen vor den wunderbar duftenden, weißen Einzelblüten, die in großer Zahl in Schirmrispen wachsen. Im Herbst zeigen sich dann die kleinen, schwarzen, kugeligen Steinfrüchte, die fälschlicherweise oft als Beeren bezeichnet werden.

▸ **Verwendung** Der Geschmack der Blüte ist leicht

SMART

Kochen ist angesagt

› **Die rohen Früchte** enthalten Blausäureglykoside und Chlorogensäure, die zu Durchfall und Übelkeit führen können. Beim Kochprozess werden die unverträglichen Inhaltsstoffe zerstört.

ananasartig und süßlich nach Honig. Das blumige Holunderblütenaroma entfaltet sich sehr schön im Sirup oder Holunderbrot. Die Blüten enthalten neben ätherischen Ölen auch Kaliumsalze, Flavonoide und einen hohen Anteil an freien Fettsäuren.

Die fruchtig-aromatischen Früchte haben einen eher herben Geschmack, überzeugend sind aber die Inhaltsstoffe mit einem hohen Gehalt an Vitamin C und B und Flavonoide, die die Zellalterung verlangsamen.

▸ **Heilwirkung** Die Blüten finden getrocknet zusammen mit Lindenblüten ihre Verwendung in Erkältungstees, denn sie wirken schweiß-

und harntreibend. Die Beeren und der daraus gewonnene Saft stärkt das Immunsystem und wirkt antioxidativ – gerade im Winter kann daher der Holunderbeerensaft, wenn man ihn regelmäßig zu sich nimmt, Erkältungskrankheiten vorbeugen.

Holunderbrot

Die Blüten werden zu einem süßen, äußerst wohlschmeckenden Brot verarbeitet.

▸ 6-8 Holunderdolden
▸ 500 g Mehl
▸ ¼ l lauwarme Milch
▸ 20 g Hefe
▸ 50 g Butter
▸ 100 g Zucker
▸ geriebene Zitronenschale
▸ Puderzucker und Vanillinzucker zum Bestäuben

Die Holunderblüten gründlich ausschütteln, um Insekten und Schmutz zu entfernen (nicht waschen!), von den festen Blütenstielen befreien und aus allen Zutaten einen Hefeteig herstellen.

Den Teig 60 Min. an einem warmen Ort zugedeckt gehen lassen, anschließend durchkneten und in einer gefetteten Kastenform nochmals 30 Min. zugedeckt gehen lassen. 35 bis 40 Min. bei 180 °C backen. Nach dem Abkühlen vorsichtig aus der Form nehmen und mit der Puderzucker-Vanillinzuckermischung bestreuen.

Erdbeer-Holunderblütenbowle

- 1 l Weißwein
- 2 Tassen geschnittene Erdbeeren
- 4 Holunderblüten
- 5 EL Zucker
- 1 Päckchen Vanillinzucker

Die Erdbeeren, den Zucker und den Vanillinzucker mischen und etwa 15 Min. bei Zimmertemperatur durchziehen lassen. Währenddessen 3 Holunderblüten etwa 30 Min. in Weißwein ziehen lassen, durch ein Sieb abgießen und die Erdbeeren hinzufügen. Einzelne Blüten von der vierten Dolde abschneiden und als Dekoration auf der Bowle schwimmen lassen.

Holunderbeerensirup

Holunderbeerensirup

Dieser Holunderbeerensirup ist nicht nur mit Wasser verdünnt ein erfrischendes Getränk, sondern auch ein bewährtes Hausmittel gegen Husten und Erkältungen.

- reife Holunderbeeren
- Zucker
- 1 Zimtstange

Beeren gründlich waschen, von den Stielen zupfen und in einem Topf zugedeckt bei 190 °C in den Backofen stellen, bis sie Saft abgeben. Den Saft abgießen und pro 600 ml Saft 225 g Zucker und den Zimt zufügen und kochen lassen, bis er eindickt. In saubere Flaschen füllen. Den Sirup kann man mit heißem Wasser als Medizin trinken und mit kaltem als Erfrischung.

Mit dem Saft als Grundlage kann man Holunderbeerengelee herstellen: Man nimmt auf 500 ml Saft 500 g Gelierzucker und kocht diesen mit dem Saft einer unbehandelten Zitrone, deren Schale und der Zimtstange auf.

Hirtentäschelkraut *Capsella bursa-pastoris*

(Herzkraut, Taschenkraut, Schneiderbeutel, Schinkenkraut, Säcklichrut, Löffeli, Bauernsenf)

▶ **Vorkommen** Die anspruchslose Pionierpflanze ist als typisches Unkraut verschrieen und wächst in Gärten, auf Äckern, Ödland und an Wegrändern. Die taschenförmigen Schoten, die an Herzen erinnern und der Pflanze ihren Namen gegeben haben, befinden sich an langen, blattlosen Stängeln. Die Grundblätter sind schmal, lanzettlich und fiederspaltig, die weißen Blüten wachsen in Trugdolden und fast das ganze Jahr über.

▶ **Verwendung** Schmackhaft sind die Blätter, Blüten und der reife und unreife Samen, also fast die ganze Pflanze. Der leicht scharfe Geschmack, der etwas an Senf erinnert, macht es zu einer idealen Zutat für Kräuterdips und Salate. Der Geschmack des Hirtentäschelkrauts unterscheidet sich je nach Jahreszeit, machen Sie also vor der Verwendung am besten eine Kostprobe.

Frischkäsetorte mit Wildkräutern

Der etwas größere Aufwand lohnt sich, denn diese Frischkäsetorte ist etwas ganz Besonderes, wenn Gäste ins Haus stehen.

▸ 3 Tassen Hirtentäschelkraut
▸ je 1 Tasse Vogelmiere und Giersch oder Wiesenknopf
▸ Ersatzweise je ein Bund Schnittlauch und Petersilie
▸ 2 Frühlingszwiebeln
▸ 4 Scheiben Schwarzbrot
▸ 6 Blatt weiße Gelatine
▸ 125 g Butter

SMART

Innerlich und äußerlich eine Wohltat

› **In der Volksheilkunde** wird Hirtentäschelkraut zumeist als Tee zubereitet. Es wirkt blutdruckausgleichend. Äußerlich kann man es gegen Schuppenflechte und Ekzeme einsetzen und es wirkt blutstillend.

▸ 200 g Frischkäse
▸ 500 g Naturjogurt
▸ 150 g ungeschlagene Sahne
▸ 1 unbehandelte Zitrone
▸ Salz, Pfeffer

Schwarzbrot zerbröseln, Butter schmelzen, mit den Bröseln vermischen, in einer Springform verteilen und leicht andrücken. Die Kräuter reinigen und fein hacken, die Frühlingszwiebeln klein schneiden. Die Schale der Zitrone abreiben. Die Zitrone auspressen, den Saft mit Frischkäse und Jogurt vermischen und Kräuter, Zitronenschale und Zwiebeln unterheben. Gelatine mit wenig

Wasser nach Gebrauchs-
anweisung auflösen; Sahne
steif schlagen und mit der
Gelatine unter die Käse-
masse rühren. Die Creme
auf dem Boden verteilen,
leicht andrücken und für
3 Stunden kalt stellen.

Hirtentäschel-
tortilla

Die würzige Tortilla verträgt
sich gut mit frischem Hirtentäschelkraut.

- ½ Tasse Hirtentäschelsamen
  und Blüten
- 1 Bund Schnittlauch oder
  Petersilie
- je 200 g Blumenkohl,
  Kohlrabi, Möhren
- 1 große Gemüsezwiebel
- Olivenöl
- 2 Knoblauchzehen
- 10 Eier
- Salz, Pfeffer

Gewaschenes und zerkleiner-
tes Gemüse, Zwiebel und zer-
kleinerten Knoblauch in etwas Öl anbraten und mit den
Gewürzen abschmecken; ge-
reinigte Kräuter klein schneiden, Eier mit etwas Salz verrühren, Gemüse in eine
Auflaufform füllen, Eier mit
2/3 der Kräuter vermischen
und mit Salz abschmecken,

Hirtentäschelsalat

über das Gemüse gießen und
im Ofen bei 170 °C etwa 20
Min. goldbraun backen. Vor
dem Servieren mit den restlichen Kräutern bestreuen.

Hirtentäschelsalat

Der Geschmack von Hirten-
täschelkraut, der an Radies-
chen erinnert, harmoniert
gut mit den Tomaten und
Gurken.

- 2 Tassen Hirtentäschelkraut
  mit Samen und Blüten
- 1 Salatgurke

- 300 g Cocktailtomaten
- 2 Frühlingszwiebeln
- 100 ml saure Sahne
- Saft einer Zitrone
- Salz, Pfeffer

Gurke schälen, in Scheiben
schneiden und zusammen
mit den Tomaten auf Tellern
anrichten. Das gereinigte
Hirtentäschelkraut zerkleinern, Frühlingszwiebeln in
feine Ringe schneiden und
beides darüberstreuen. Aus
den übrigen Zutaten ein
Dressing rühren und über
den Salat träufeln.

Kleiner Wiesenknopf *Sanguisorba minor*

(Braunelle, Drachenblut, Sperberkraut, Wurmkraut, Pimpinelle)

▸ **Vorkommen** Der kleine Wiesenknopf bevorzugt warme und lichte Standorte wie nährstoffarme Rasen- und Wiesenflächen, Böschungen, Dämme und Wegränder. Die ausdauernde Pflanze erreicht eine Wuchshöhe von 20 bis 100 cm und ist leicht an den blaugrünen, gezahnten Fiederblättern zu erkennen. Die rötlich-grünen Blütenköpfe sind rundlich und sehen aus wie Knöpfe, daher der Name.

▸ **Verwendung** In der Küche finden vor allem die frischen Blätter, die etwa ab Mitte April bis in den Herbst hinein geerntet werden können, Verwendung. Der etwas gurkenähnliche, nussige Geschmack passt hervorragend als Gewürz zu allen Salatsorten, aber auch zu kalten Suppen wie etwa Gazpacho. Auch der Gehalt an Vitamin C ist sehr hoch.

Wiesenknopfzaziki

Einige schwarze Oliven, Weißbrot, Wiesenknopfzaziki und ein guter Rotwein – was will man mehr!

▸ 1 Tasse Wiesen-
  knopfblätter
▸ 1 kleine Gurke
▸ 250 ml Schafmilchjogurt
▸ Zitrone
▸ Salz

Die Mittelrippe des Wiesenknopfs entfernen, Blätter hacken, Gurke hobeln, salzen und Wasser ziehen lassen. Den Jogurt, den Saft der Zitrone, die ausgedrückte Gurke und den gehackten Wiesenknopf vermengen. Mit Weißbrot und schwarzen Oliven servieren.

Kräutertarte

Diese Kräutertarte macht sommerfit und ist zudem eine Vitaminbombe.

▸ 3 Tassen Wildkräuter, vor
  allem Wiesenknopf, zudem
  Wiesenkerbel, Bärlauch,
  Löwenzahn oder Giersch
▸ 250 g Mehl
▸ 125 g Butter
▸ 4 Eier
▸ 200 g Crème fraîche
▸ 100 g Hüttenkäse
▸ 100 g Emmentaler
▸ Salz, Pfeffer, Muskatnuss

Mehl, Butterflöckchen, eine Prise Salz und 4 EL Wasser zu einem geschmeidigen

SMART

Wohlschmeckendes Allheilmittel

▸ **Tee aus den Blättern** lindert, äußerlich angewendet, Sonnenbrand, getrunken wirkt er stärkend, leicht harntreibend, Karies vorbeugend, appetitanregend und gegen Darm-, Leber- und Gallenbeschwerden.

Teig kneten und auf einer bemehlten Fläche ausrollen. Boden und Rand der eingefetteten Springform damit auskleiden und mit der Gabel mehrmals einstechen. Etwa 30 Min. kalt stellen. Währenddessen die Eier verquirlen und mit Crème fraîche, Hüttenkäse und geriebenem Emmentaler vermischen, würzen und mit den fein gehackten Kräutern verrühren. Den Teig im vorgeheizten Ofen bei 180 °C etwa 10 Min. vorbacken, die Masse darauf verteilen und weitere 40 Min. backen.

Grüne Wiesenknopfsuppe

Eine frische, appetitliche Suppe aus Wiesenknopf und Sauerampfer.

- 2 Tassen klein geschnittene Wiesenknopfblätter
- 1 Tasse klein geschnittene Sauerampferblätter
- einige Gänseblümchenköpfe
- 1 l Gemüsebrühe
- 2 EL Mehl
- ¼ l süße Sahne
- 1 Eigelb
- Salz

Mehl mit Sahne vermengen und unter Rühren in die Gemüsebrühe geben, kurz

Wiesenknopfzaziki

aufkochen lassen, nach Geschmack mit etwas Salz abschmecken. Das mit etwas Suppenbrühe verquirlte Eigelb ebenfalls unter die Suppe ziehen und diese nicht mehr kochen lassen. Die gehackten Kräuter hinzugeben und kurz ziehen lassen. Mit Gänseblümchenblüten dekorieren.

Kräutermilch

Eine reine Vitaminbombe, die nicht nur müde Männer munter macht.

- 1 TL Wiesenknopf
- 1 TL Wiesenkerbel
- nach Geschmack etwas Brennnessel, Hirtentäschel oder Sauerampfer
- ½ l Milch
- Salz, Muskatnuss, Pfeffer

Die Kräuter fein hacken und zusammen mit der Milch und den Gewürzen verquirlen, 20 Min. ziehen lassen. Wer will, kann die Kräuter abseihen. Die Milch kann auch zur Hälfte durch Jogurt ersetzt werden.

Löwenzahn *Taraxacum officinale* (Kuhblume, Butterblume, Röhrlblume, Pusteblume, Maiblume, Salatblume)

▸ **Vorkommen** Die ausdauernde, 30 cm hohe Pflanze findet man fast überall, sogar in Spalten im Straßenasphalt. Die gezahnten, länglichen Blätter bilden eine Rosette. Die Blüten sind gelb mit weißen Fruchtständen (Pusteblume).

▸ **Verwendung** Vor der Blüte schmecken die jungen Blätter sehr gut, wenn auch ein bisschen herb. Blüten und Blütenknospen können von April bis September geerntet

werden und erinnern an Honig oder gebraten an Pilze. Die Wurzeln sind im Herbst besonders schmackhaft und gehaltvoll. Sie schmecken roh eher bitter, aber getrocknet als Kaffee verarbeitet köstlich. Die ganze Pflanze enthält Kalium, Eiweiß, sehr viel Vitamin C, Calcium und Magnesium.

▸ **Verwechslung** Löwenzahn kann wegen seiner charakteristischen Blüte während der Blütezeit mit keiner anderen Pflanze verwechselt werden, die Blätter haben aber einige Doppelgänger. Löwenzahnblätter sind jedoch stets unbehaart.

▸ **Heilwirkung** Alle Pflanzenteile wirken harntreibend und sind hilfreich bei Leberbeschwerden, Gicht und rheumatischen Erkrankungen sowie Verdauungsproblemen.

Glasierte Löwenzahnherzen

Löwenzahn passt hervorragend zu gedünstetem Fisch oder kurz gebratenem Fleisch.

▸ 8-12 Löwenzahnherzen
▸ 60 g Butter
▸ Saft einer Orange
▸ Zucker, Salz, Pfeffer

Löwenzahnherzen putzen und waschen, noch nass in eine feuerfeste Form legen. Mit Orangensaft angießen, würzen, mit Butterflöckchen belegen und 15 Min. bei 200 °C garen.

Löwenzahnblütengelee

So fangen Sie den Sommer ein und bewahren sich den Duft von Löwenzahnblüten für kalte Wintertage.

▸ 8 Hände voll Löwenzahnblüten
▸ 4 unbehandelte Limetten
▸ 1 unbehandelte Orange
▸ 1,5 l Wasser
▸ 1 kg Gelierzucker

Blüten reinigen und zusammen mit klein geschnittenen Limetten, der Orange und Wasser etwa 1 Stunde kochen. Abgießen und durch ein Sieb streichen, mit dem Gelierzucker nochmals

Löwenzahnsalat mit Walnüssen

einige Minuten aufkochen. Nach der Gelierprobe in saubere Schraubgläser füllen.

Löwenzahnkaffee

Geröstete Löwenzahnwurzeln schmecken wie Kaffee, sind jedoch koffeinfrei und völlig unbelastend für den Magen.
Löwenzahnwurzeln oder alternativ die Wurzeln der Wegwarte (s. Seite 58) putzen und in große Stücke schneiden. Bei 220 °C etwa 15 Min. rösten und anschließend in einer Kaffeemühle mahlen. Wie Bohnenkaffee mit kochendem Wasser aufgießen.

Löwenzahnsalat mit Walnüssen

Bei uns als Unkraut verschrien – in Frankreich gilt er jedoch als Delikatesse.

> 4 Hand voll Löwenzahn
> 50 g Ziegenkäse
> 50 g Walnüsse
> Mehl
> Öl
> Essig
> Walnussöl
> scharfer Senf
> Salz, Pfeffer

Löwenzahn putzen, waschen und in dünne Streifen schneiden. Ggf. für 1 Stunde in lauwarmes Wasser legen;

dadurch wird er milder. Den Ziegenkäse würfeln, in Mehl wenden und kurz in Öl anbraten. Essig, Walnussöl und Senf mit den Gewürzen verrühren und über den angerichteten Salat träufeln. Mit den gehackten Nüssen bestreut servieren.

Vorsicht: Flecken!

> **Der milchige Saft** aus den Stängeln hinterlässt unschöne, braune Flecken, die nur durch die chemische Reinigung entfernt werden können. Die Haut kann mit Essigessenz oder Zitronensaft wieder gebleicht werden.

Herbst-fülle

46   Die goldene Jahreszeit

47   Sanddorn

48   Schlehe

50   Hagebutte

SPEZIAL   52   Die Süße
des Herbstes

54   Brennnessel

56   Kornelkirsche

58   Gewöhnliche Wegwarte

60   Gewöhnliche Eberesche

Die goldene Jahreszeit

Im Herbst biegen sich die Bäume und Sträucher unter der Last der Früchte und das Licht taucht alles in ein sanftes Gold. Die Eberesche trägt leuchtendes Rot, aber ihre Früchte sollten, genauso wie die Früchte der Schlehe, den ersten Frost erleben, bevor man sie erntet. Die Kornelkirschen können schon im September frisch vom Kern gelutscht werden.

Jeder Spaziergang bietet reichlich Gelegenheit, Früchte und Beeren zu sammeln: Der evolutionsbedingte Drang Vorräte anzulegen ist auch beim Stadtmenschen noch ausgeprägt vorhanden! So werden Marmeladen und Konfitüren gekocht, Sirup wird hergestellt und Likör bereitet. Der fruchtige Duft von reifen Beeren liegt in der Luft, die Tage werden kürzer und man freut sich auf den bevorstehenden Winter.

Satte, leuchtende Farben zeigt der herbstliche Wald.

Verarbeitung von Wildfrüchten

Wildobst ist meist zuckerärmer und etwas herber, aber auch geschmacksintensiver als Kulturobst. Es lässt sich hervorragend mit Kultur-obst mischen. Besonders geeignet sind Äpfel, Birnen und Zwetschgen.

Die Kerne von Wildobst lassen sich oft nur schwer entfernen, was eine besondere Zubereitungsart erfordert. Diese ist bei den einzelnen Fruchtsorten genau beschrieben. Die Kornelkirsche kann roh gegessen oder besser gesagt, vom Kern gelutscht werden. Alle anderen Früchte sollten, wie in den Rezepten beschrieben, verarbeitet werden.

Kornelkirsche und Schwarzer Holunder lassen sich umgehend verarbeiten. Sie müssen nicht den ersten Frost erleben, um schmackhaft zu werden. Schlehe und Hagebutte sollten etwas nachreifen oder kurz eingefroren werden. Will man eine ertragreiche Ernte haben, so sollte man die Früchte nicht an den Bäumen lassen, bis der erste Frost sie schmackhaft macht, denn den Wettstreit mit den Vögeln verliert man leicht. Einen Teil des Ertrages sollte man immer den Vögeln übrig lassen, denn sie füllen jetzt ihre Vorratskammer für den Winter.

Sanddorn

Hippophae rhamnoides (Haff-, Dünen-, Weiden-, See- oder Stranddorn)

▸ **Vorkommen** Sanddorn ist ein lichtbedürftiger Baum oder Strauch, der bevorzugt in Eurasien und Europa an Küstenabschnitten, auf Sanddünen und in Kiesgruben, sowie in lichten Wäldern, aber auch kultiviert in Parks und Gärten zu finden ist. Die Zweige sind sibergrau, dornig und sparrig, mit schmalen, länglichen, silbergrauen Blättern. Die Blüten sind unscheinbar bräunlich, dafür leuchten die Früchte umso appetitlicher in Orangegelb.

SMART

Leckeres Stärkungsmittel

> **Der hohe Gehalt** an Vitamin C mindert die Ansteckungsgefahr, außerdem wirkt Sanddorn gegen Fieber, Schmerzen und kräftigt allgemein.

▸ **Verwendung** Lediglich die säuerlichen Früchte finden Verwendung und reifen von September bis Oktober. Durch den hohen Gehalt an Vitamin C wird bei regelmäßigem Genuss die Ansteckungsgefahr bei Erkältungen enorm gemindert. Zudem sind die Vitamine E und F, Calcium, Magnesium, Flavonoide und Carotine enthalten.

Sanddornsaft

Der Saft des Sanddorns ist die Grundlage für viele Gerichte, vor allem Süßspeisen. Er schmeckt zu Vanilleeis, Eierpfannkuchen, Eierlikör und Jogurt.

▸ 2 kg Sanddornbeeren
▸ 200 g Honig

▸ Vanillinzucker
▸ Wasser

Die Früchte knapp mit Wasser bedeckt weich kochen, abseihen und durch ein Sieb streichen. Den Saft mit dem Honig und nach Geschmack mit Vanillinzucker mischen, nochmals kurz erhitzen und noch heiß in saubere Flaschen füllen.

Sanddorn-Apfel-Konfitüre

Eine wunderbare Kombination aus sauer und süß ist diese Konfitürenkreation.

▸ 500 g Äpfel
▸ 1 kg Sanddornbeeren
▸ 1 kg Gelierzucker

Die Äpfel schälen, entkernen, vierteln und mit den Beeren in wenig Wasser weich kochen, durch ein Sieb streichen und die Fruchtmasse zusammen mit Gelierzucker erneut aufkochen. Die Gelierprobe machen, dann die noch heiße Konfitüre in saubere Gläser füllen.

Sanddorn

Schlehe _Prunus spinosa_ (Schlehendorn, Heckendorn, Schwarzdorn, fälschlich auch Akazie)

▸ **Vorkommen** Die Schlehe ist die Urzwetschge und in ganz Südeuropa und Vorderasien bis hin zum Kaukasus und nach Nordafrika verbreitet. Sie bevorzugt sonnige, trockene Standorte und wächst als dorniger, sommergrüner Strauch bis zu einer Höhe von 4 m. Die jungen Zweige sind behaart, die Blätter eiförmig mit gesägtem Rand. Die Blüten zeigen sich in Weiß, die Früchte sind kugelig und dunkelblau.

▸ **Verwendung** Die Früchte sind verwertbar und verbleiben über Winter am Strauch.

Sie können nach dem ersten Frost auch roh gegessen werden, denn dann verlieren sie ihren herb-sauren Geschmack. Verarbeitet zu Marmeladen oder Chutneys werden sie zur Delikatesse. Der Gehalt an Vitaminen ist recht hoch, allerdings enthalten die Samen auch Blausäureglykoside, die in ganz geringen Mengen in den Schlehenwein oder Likör übergehen. Wenn Sie den Wein oder Likör jedoch nicht in größeren Mengen trinken, stellt dies kein Problem dar.

Schlehen-Apfelgelee

Die Schlehe ist so intensiv im Geschmack, dass ihr das Mischen mit Kulturobst, wie Apfel, Birne oder Zwetschge gut bekommt.

▸ 1 kg Schlehenbeeren
▸ 500 g Äpfel
▸ 1 Zitrone
▸ Wasser
▸ Zucker

Die Beeren mit einer Nadel anstechen, die Äpfel schälen, vierteln und mit dem Saft der Zitrone beträufeln. Mit so viel Wasser aufsetzen, dass die Früchte gerade bedeckt sind und etwa 1 Stunde köcheln lassen. Das Mus auf ein Mulltuch schütten und abtropfen lassen. Den Saft mit der gleichen Menge Zucker nochmals aufkochen und nach etwa 10 Min. noch heiß in saubere Gläser füllen.

Schlehenchutney

Das Chutney verträgt sich gut mit kaltem Braten und schmeckt köstlich zu Leber oder Schweinefilet oder auch zu vegetarischen Bratlingen.

▸ 600 g Schlehen
▸ 200 g Pflaumen
▸ ¼ l Apfelsaft
▸ 8 EL Balsamicoessig
▸ 1 Zitrone
▸ 4 EL Sherry
▸ 4 EL Rotweinessig
▸ Salz

Früchte waschen, die Pflaumen entsteinen und halbieren. Schlehen und Pflaumenhälften zusammen mit dem Apfelsaft und Zitronenscheiben weich kochen. Heiß passieren und mit den anderen Zutaten nochmals aufkochen. Noch heiß in saubere, trockene Gläser füllen.

Schlehensirup

Der Schlehensirup schmeckt schön frisch, wenn er mit Mineralwasser oder Sekt aufgegossen wird, aber auch als süße Zugabe zu Eis oder Pudding ist er eine echte Bereicherung.

- 1 kg Schlehen
- 1 kg Birnen
- 1 Zimtstange
- 3 Nelken

Schlehen reinigen, Birnen schälen und entkernen, mit

Schlehensirup

den Gewürzen etwa 60 Min. einkochen lassen, bis die gewünschte Konsistenz erreicht wurde. Die Gewürze herausfischen und den Sirup in saubere, gut verschließbare Flaschen füllen.

Alkoholfreier Schlehenpunsch

Wärmt herrlich von innen, wenn die kalten Tage kommen.

- 1 Schnapsglas Schlehensirup
- 1 l schwarzer Tee
- 2 Zitronen
- 100 g Zucker

Den heißen Tee mit dem Schlehensirup mischen, Zucker und den Saft einer Zitrone hinzufügen. In Gläser füllen und mit je einer Scheibe Zitrone belegen.

Heilsame Blüten

> **Die getrockneten Blüten** sind Bestandteil vieler Frühjahrskurentees und wirken blutreinigend, harntreibend und entzündungshemmend, vor allem bei Beschwerden im Rachenraum und bei Nierensteinen.

Hagebutte

Rosa canina (Hägen, Hiffen, Hiften, Rosenäpfel, Hetscherl)

▶ **Vorkommen** Die Hundsrose oder Wildrose, deren Frucht die Hagebutte ist, wächst gerne in lichten Wäldern und Gärten und als Hecke vor allem auf der Nordhalbkugel. Der Strauch erreicht eine Höhe von bis zu 3 m, die Blätter sind oval mit gezacktem Rand, die Blüten haben 5 Kelch- und 5 Kronblätter, meist in einem zarten Rosa. Die Frucht ist die rundliche, etwas längliche, rote Hagebutte.

▶ **Verwendung** Essbar sind die Blüten, die im Juni erscheinen, aber vor allem die Früchte ab September. Sie enthalten sehr viel Vitamin C, A, K, P und B sowie Pektine, Zucker, Fruchtsäuren und einen rot-gelben Farbstoff. Der Geschmack ist süß-sauer und fruchtig.

▶ **Vorsicht** Die Nüsschen, die sich im Inneren der Frucht befinden, lösen bei Hautkontakt Juckreiz und Allergien aus. Sie werden auch als Juckpulver bezeichnet.

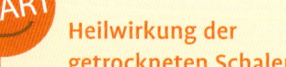

Heilwirkung der getrockneten Schalen

› **In der Volksmedizin** werden die Fruchtschalen in getrockneter Form bei Entzündungen des Rachenraums verwendet, ansonsten ist ihre Wirkung mild abführend und harntreibend.

Hagebuttensauce

Diese süße Sauce passt hervorragend zu Süßspeisen wie Pudding, Eis oder Crèpes, aber auch zu kaltem Braten, besonders, wenn man die Sauce mit etwas Chilipulver verfeinert.

› 1 Tasse entkernte Hagebutten
› 1 unbehandelte Zitrone
› 40 g Zucker
› 1 Päckchen Vanillinzucker
› 2 TL Speisestärke
› ½ Tasse Apfelsaft

Mit dem Zestenreißer einige Streifen der Zitronenschale herunterschälen. Die Hagebutten zusammen mit den Schalenstückchen in wenig Wasser weich kochen. Die Masse mit dem Pürierstab zerkleinern, durch ein Sieb streichen und mit Zucker und Vanillinzucker vermischen. Die Speisestärke mit dem Apfelsaft vermischen und unter die Soße rühren, nochmals kurz aufkochen lassen und mit etwas Zitronensaft abschmecken.

Süße Hagebuttensuppe

› 500 g Hagebutten
› 500 g Äpfel
› 120 g Zucker
› Zitronensäure
› ⅛ l Weißwein
› ⅛ l Wasser

Die Äpfel schälen, entkernen und in kleine Stücke schneiden. Apfelstücke mit etwas Zitronensäure vermischen und mit dem Weißwein, dem Wasser und dem Zucker aufkochen, bis die Äpfel weich sind.

Hagebutten reinigen, von den Samen befreien und grob zerkleinern. Mit Wasser bedeckt weich kochen – das kann je nach Reifegrad 30 bis 45 Min. dauern. Ggf. noch etwas Wasser hinzufügen. Die Masse anschließend durch ein Passiersieb streichen, den Rückstand mehrmals mit etwas Wasser aufkochen und immer wieder durch ein Sieb streichen. Das Hagebuttenmus mit dem Zucker und dem Apfelmus vermischen.

Hagebutten-Kürbis-Suppe

Die fruchtige Hagebutte passt besonders gut zu Kürbis. Ingwer sorgt für die nötige Schärfe.

- ▸ 500 g Hagebutten
- ▸ 500 g Kürbis
- ▸ 100 g Kartoffeln
- ▸ 2 Zwiebeln
- ▸ 1 Stück frischer Ingwer

Hagebuttensauce

- ▸ Öl
- ▸ ½ l Gemüsebrühe
- ▸ ¼ l süße Sahne
- ▸ Salz, Pfeffer

Die Hagebutten reinigen, halbieren, entkernen, in wenig Wasser weich kochen und passieren. Den Kürbis in kleine Stücke schneiden, die Zwiebeln, die Kartoffeln und den Ingwer schälen und würfeln. Etwas Öl in einem Topf erhitzen, die Zwiebeln

anschwitzen lassen, Ingwer, Kürbis, Kartoffeln und Gemüsebrühe hinzufügen und etwa 15 Min. garen. Die Sahne und das Hagebuttenmark hinzufügen und mit Salz und Pfeffer abschmecken.

Die Suppe schmeckt auch ganz hervorragend als Sauce zu Pasta, wie beispielsweise Spagetti. Lassen Sie dann einfach die Kartoffeln weg.

Die Süße des Herbstes

Es gibt kaum etwas köstlicheres als selbst gemachte Konfitüren und Gelees oder Sirup eigener Herstellung, von einem selbst angesetzten Likör ganz zu schweigen. Der intensive Geschmack der Beeren und Früchte wird so für den Winter eingefangen und konserviert.

Konfitüren und Gelees

Für Konfitüren und Gelees sollen nur einwandfreie, gut gereinigte Früchte verwendet werden. Der Einmach- oder Gelierzucker enthält bereits Pektin, was eine einfache Zubereitung und ein gleichbleibend gutes Ergebnis gewährleistet.

Hagebutten-Apfel-Gelee

Unvergleichlich fruchtig und der Gehalt an Vitamin C aus den Hagebutten bleibt zum größten Teil enthalten

- 1 kg Äpfel
- 500 g reife Hagebutten
- Gelierzucker

Die geschälten, geviertelten Äpfel in einem großen Topf mit Wasser bedeckt kochen, bis sie zu Mus zerfallen. Die gereinigten Hagebutten im Mixer zerkleinern, zu dem Apfelmus geben und nochmals 10 bis 15 Min. kochen lassen, unter Umständen Wasser hinzufügen. Die Mischung über Nacht entsaften lassen und auspressen.

Pro 600 ml 400 g Gelierzucker verwenden, den Zucker im Backofen vorwärmen, den Saft zum Kochen bringen, den Zucker hinzufügen und unter ständigem Rühren aufkochen, bis die Gelierprobe Bestand hat. Noch warm in trockene, saubere Gläser füllen.

Liköre

Die Herstellung von Likör ist denkbar einfach und dabei kann sich das Ergebnis sehen, oder besser gesagt, schmecken lassen. Auch als kleines Mitbringsel ist eine Hausmarke eine schöne Idee.

Hagebuttenlikör

- 1 kg angefrostete Hagebutten
- 2 l Weingeist oder Kirschwasser
- 500 g Zucker

Die Hagebutten zerkleinern und mit dem Alkohol in einem Gasballon verkorkt 1 Woche an einem warmen Ort gären lassen. Den Zucker mit 1 l Wasser aufkochen und die Hagebutten aus dem

Gelierprobe

Einen Teelöffel der heißen Fruchtmasse auf einem kleinen Teller erkalten lassen.

Rutscht sie beim Kippen vom Teller, die Masse noch einige Minuten weiterkochen lassen und den Test wiederholen.

Bei einem weiteren Fehlversuch noch etwas Gelierzucker hinzufügen, bis die Fruchtmasse nach dem Erkalten fest ist.

Alkohol seihen. Nach dem Abkühlen wird das Zuckerwasser mit dem Alkohol vermengt. In saubere Flaschen füllen und kühl aufbewahren.

Sirup

Selbst bereitete Sirups besitzen ein Aroma, das man bei kommerzieller Ware häufig vermisst.

Hagebuttensirup

Der hohe Gehalt an Vitamin C macht das Getränk aus Hagebuttensirup zu einer idealen Erfrischung im Sommer und zu einem Erkältungsschutz im Winter. Für den Sirup die gründlich gewaschenen und entkernten Hagebutten grob hacken und mit so viel Wasser, dass die Früchte gerade bedeckt sind, aufkochen. Bei niedriger Temperatur etwa 10 Min. köcheln lassen. Den Saft über Nacht abseihen und mit halb so viel Zucker wie Saft zu einem dicken Sirup einkochen. Noch warm in saubere, trockene Flaschen füllen und diese verkorken. Schmeckt köstlich, wenn man den Sirup mit Sekt aufgießt oder mit Mineralwasser verdünnt.

Hagebuttenlikör

Holunderblütensirup

Der klassische Holunderblütensirup erfrischt, aufgegossen mit Mineralwasser, an heißen Sommertagen.

- ▶ **25 Holunderblütendolden**
- ▶ **1,5 kg Zucker**
- ▶ **1 unbehandelte Zitrone**
- ▶ **Saft von 2 Zitronen**
- ▶ **1,5 l Wasser**

Die Holunderblüten gründlich ausschütteln (nicht waschen!), von den festen Blütenstielen befreien und in ein großes Einmachglas schichten. Zucker, abgeriebene Schale der Zitrone, Zitronensaft und Wasser über die Blüten geben und 2 Tage in der Sonne ziehen lassen, dabei immer wieder umrühren. Den Sirup filtern und in sterile, gut verschließbare Flaschen füllen.

Brennnessel *Urtica dioisa* (Rotes Feuer)

▶ **Vorkommen** Die große Brennnessel ist wohl eine der anspruchslosesten Pflanzen und zudem als Unkraut verschrien. Die ausdauernde, stattliche Pflanze kann eine Wuchshöhe von 1,5 m erreichen und sieht mit ihren dunkelgrünen, länglichen, am Rand gesägten Blättern fast schon elegant aus. Die Blüten sind unauffällig und von blassvioletter Farbe.

▶ **Verwendung** Die zarten jungen Blätter und Triebe werden ähnlich wie Spinat zu Suppen, Aufläufen und Soufflés verarbeitet. Die Blätter älterer Pflanzen eignen sich getrocknet als Suppengewürz oder Tee. Neben großen Mengen an Vitamin A, C und E enthält die Brennnessel Eisen, Silicium, Kalium, Magnesium und Eiweiß. Die harntreibende und entschlackende Wirkung des Brennnesseltees ist bekannt. Bei der Behandlung von Harnwegsinfekten, Nierengrieß und rheumatischen Beschwerden leistet der Tee gute Dienste. Die Samen eignen sich als Gewürz und fördern das Gedächtnis und die Libido. Früher wurde die große Brennnessel zur Gewinnung von Fasern verwendet – damit war sie der Vorgänger der Baumwolle.

Brennnesselsuppe mit Kokosnussflocken

Eine ungewöhnliche Geschmacksvariante für Freunde exotischer Speisen.

▸ 2 Tassen junge, blanchierte, gehackte Brennnesselblätter
▸ 2 Tassen gehackte Spinatblätter
▸ 1 kleine Zwiebel

Brennende Nesseln

❭ **Berührung der Pflanze** setzt Giftstoffe frei, die einen schmerzhaften Juckreiz auslösen. Arbeiten Sie daher bei der Ernte und Verarbeitung von Brennnesseln immer mit Handschuhen. Die Blätter sollten immer einige Minuten blanchiert werden, um das in den Blättern enthaltene Nitrit unschädlich zu machen.

▸ 1 Knoblauchzehe
▸ 1 kleine mehlige Kartoffel
▸ ½ l Gemüsebrühe
▸ 4 EL Kokosflocken
▸ ¼ l Sahne
▸ Butter
▸ Salz, Muskatnuss, Pfeffer

Zwiebel und Knoblauch fein würfeln und in etwas Butter andünsten. Klein geschnittene Kartoffel, Brennnesselblätter und Spinat dazugeben, kurz anschwitzen und mit Brühe aufgießen. Nach Geschmack würzen und einige Minuten bei leichter Hitze köcheln lassen. Pürieren, die Sahne schlagen und unterziehen, die Kokosflo-

cken in der Pfanne kurz anrösten und zum Servieren
auf der Suppe verteilen.

Brennnessel-Lasagne

Zwischen den Lasagneblät-
tern verstecken sich aromatische Wildkräuter, die ein
wahres Geschmacksfeuer-
werk veranstalten.

‣ 700 g Spinat, Giersch oder
  Brennnesselblätter
‣ 1 Bund Petersilie oder
  Basilikum
‣ 2 Knoblauchzehen oder
  10 Bärlauchblätter
‣ 1 l Béchamelsauce
‣ Olivenöl
‣ 10 Lasagneblätter
‣ 250 g geriebener Emmentaler

Gemüsekräuter säubern, zerkleinern und in wenig Wasser andünsten. Petersilie
oder Basilikum klein zupfen,
Knoblauchzehen oder Bär-
lauchblätter fein hacken und
Knoblauch in Öl leicht anbraten. Gemüse und Kräuter
vermischen. Auflaufform mit
Öl auspinseln, abwechselnd
Kräutermischung, Käse und
Lasagneblätter schichten,
dabei mit Käse enden. Die
Béchamelsauce angießen
und die Lasagne bei 210 °C
etwa 40 bis 45 Min. im
Backofen garen.

Brennnesselsalat mit Pinienkernen

Brennnesselsalat

In Kombination mit Löwen-
zahn, Gänseblümchen und
Klee ist dieser Wildkräuter-
salat eine kostenlose,
schmackhafte Vitamin-
spritze.

‣ 1 Tasse junge Brennnesselblätter
‣ 1 Tasse Löwenzahn-
  blätter
‣ Gänseblümchen und die
  Blüten des roten Klees
  als Dekoration
‣ 50 g Pinienkerne

‣ ½ Becher Natur-
  jogurt
‣ Senf
‣ 1 Zitrone
‣ Salz, Zucker

Wildkräuter reinigen, zerkleinern und auf Tellern anrichten. Jogurt mit etwas Zitronensaft verrühren, mit
Salz, Zucker und einem TL
Senf abschmecken und über
den Salat träufeln. Die Blüten dekorativ auf dem Salat
verteilen und die angeröste-
ten Pinienkerne darüber-
streuen.

Kornelkirsche

Cornus mas (Herlitze, Dürlitze, Hartriegel, Dirndl, Tierlibaum)

▶ **Vorkommen** Dieser wärmeliebende Strauch bevorzugt sonnige trockene Hänge und findet sich oft in Weinanbaugebieten oder lichten Eichenwäldern, wo er verwildert wächst. Da die Pflanze sehr attraktiv aussieht, wird sie auch kultiviert oft als Hecke angepflanzt. Sie erreicht eine Wuchshöhe von etwa 8 m und schon im zeitigen Frühjahr, noch bevor die ovalen, spitz zulaufenden, ganzrandigen Blätter erscheinen, zeigen sich die kleinen, goldgelben Blüten. Die Früchte reifen manchmal bereits im Spätsommer zur Ernte heran.

▶ **Verwendung** Die Kornelkirsche kann noch vor dem ersten Frost geerntet werden, denn sie enthält nicht so viel Gerbsäure, die der Frost unschädlich macht. Kornelkirschen können roh verzehrt werden. Vorsicht: Der Kern ist recht groß und das Fruchtfleisch ziemlich dünn, aber der Geschmack ist köstlich.

Kornelkirschenchutney

Dieses süßliche Chutney passt hervorragend zu allem kurz Gebratenen, aber auch zu kaltem Braten.

▸ 400 g Kornelkirschen
▸ 500 g Äpfel
▸ Ingwerwurzel
▸ 150 g Kristallzucker
▸ Salz

Die Kornelkirschen in ½ l Wasser weich kochen und durch ein Sieb streichen. Den Rückstand noch ein- bis zweimal mit etwas Wasser aufkochen und passieren. Den aufgefangenen Saft und das Mus zusammen mit den geschälten und klein geschnittenen Äpfeln und dem geriebenen Ingwer, dem Zucker und dem Salz etwa 10 Min. unter ständigem Rühren aufkochen. In saubere Gläser füllen und fest verschließen. Wer es gerne etwas schärfer mag, kann das Chutney noch mit Chili verfeinern.

Kornelkirschessig

Ein grandioses Geschmackserlebnis ist der rote Weinessig mit Kornelkirscharoma.

▸ 1 kg reife Kornelkirschen
▸ 2 l Rotweinessig
▸ 3 Gewürznelken
▸ 1 TL Senfkörner
▸ 1 TL Wacholderbeeren
▸ Salz, Zucker

Die gereinigten Kornelkirschen gleichmäßig auf Flaschen verteilen und den Essig mit den Gewürzen aufgießen. Mindestens 2-3 Monate im Keller ziehen lassen.

Eingelegte Kornelkirschen

Eingelegte Kornelkirschen

Sehen aus wie Oliven und sind köstlich als Antipasti.

- 500 g Kornelkirschen
- 250 g Zucker
- ¼ l Weinessig
- Lorbeerblatt, Nelken, Zimt oder Ingwer, nach Geschmack
- Salz

Essig, Zucker und die Gewürze kurz aufkochen und noch heiß über die gereinigten, in saubere Gläser geschichteten Kornelkirschen gießen. Die Gläser verschließen und mindestens 2 Monate kühl stellen.

Wildfruchtkonfitüre

Eine rasante Mischung ist das Dreigespann Kornelkirschen, Holunderbeeren und Zwetschgen.

- 1 kg Kornelkirschen
- 1 kg Holunderbeeren
- 1 kg Zwetschgen
- 1 kg Gelierzucker

Beeren verlesen, Kirschen und Zwetschgen waschen, entkernen und zerkleinern, mit Gelierzucker aufkochen, evtl. etwas Wasser hinzufügen. Nach 3-4 Min. die Gelierprobe (s. Seite 52) machen, in saubere Gläser füllen und gut verschließen.

Kornelkirschenmus

Schmeckt köstlich zu Süßspeisen wie Grießklößchen und Milchreis.

- 500 g Kornelkirschen
- ½ l Süßmost
- 6 EL Honig oder 200 g Zucker

Die gewaschenen Kirschen über Nacht in Süßmost einlegen. Am nächsten Tag die eingelegten Früchte mit Honig oder Zucker einkochen. Nach Geschmack noch Süßmost hinzufügen und die Fruchtmasse abschließend durch ein Sieb streichen.

Gewöhnliche Wegwarte *Cichorium intybus*

(Zichorie, Sonnenwedel oder Braut, Hansl am Weg, Wegeleuchte oder Tritt,
Verwünschte Jungfrau, Faule Gretl, Falsche Kornblume)

▸ **Vorkommen** Der Name gibt schon den ersten Hinweis auf den Fundort der Wegwarte: Sie wächst gerne an nährstoffreichen Wegrändern an sonnigen Standorten in ganz Europa. Im Handel findet man die kultivierte Gartenvariante der Wegwarte: den Chicorée. Die stark verzweigten, aufrechten oder liegenden Stängel erreichen eine Wuchshöhe von 1,5 m und tragen grundständige, gezahnte Blätter. Die blauvioletten, sternförmigen Blüten öffnen sich nur bei hellem Sonnenschein und folgen dem Sonnenlauf.

▸ **Verwendung** Die ersten, zarten Blätter sind eine gute Grundlage für Salate; später finden sie Verwendung als Spinatgemüse, in Saucen oder Suppen. Während der Blütezeit von Juli bis September schmecken die Blätter unangenehm bitter, die Blüten sind allerdings ein dekorativer Farbtupfer auf Salaten und Desserts. Die Wurzeln können ganzjährig, auch im Winter, außerhalb der Blütezeit geerntet werden und ergeben, gewässert und zerkleinert, ein gutes Gemüse, dem Chicorée ähnlich. Aus den getrockneten Wurzeln kann man den bekannten Zichorienkaffee herstellen.

▸ **Vorsicht** Der milchige Saft aus den Stängeln hinterlässt auf Haut und Kleidung unschöne, braune Flecken, die aus Textilien nur durch die chemische Reinigung entfernt werden können. Die Haut kann mit Essigessenz oder Zitronensaft wieder gebleicht werden.

▸ **Heilwirkung** Der Tee wird in der Volksmedizin zur Kräftigung und Anregung des Stoff-

SMART

So schmeckt's!

▸ **Die unangenehmen Bitterstoffe** und Nitrate können aus der Pflanze herausgezogen werden, indem die Blätter oder Wurzeln in lauwarmes Wasser mit Essig, Salz oder dem Saft einer Zitrone eingelegt werden.

wechsels sowie bei Darmträgheit empfohlen. Äußerlich angewendet lindern Umschläge entzündete Augen und Hautunreinheiten.

Suppe aus Wegwartenblätter

▸ 2 Tassen Blätter der Wegwarte
▸ 1 Schalotte
▸ 1 l Gemüsebrühe
▸ 1 Eigelb
▸ 1 Tasse Weißbrotwürfel
▸ Butter
▸ Salz, Pfeffer, Muskatnuss

Die gereinigten Blätter der Wegwarte in warmem Salzwasser entbittern, anschließend grob hacken. Die Schalotte schälen, fein würfeln und in Butter andünsten. Die Wegwarte hinzufügen, mit der heißen Brühe ablöschen, 30–40 Min. kochen lassen und pürieren. In der Zwischenzeit die Weißbrotwürfel in Butter leicht anbraten. Suppe mit den Gewürzen abschmecken und mit dem Eigelb legieren. Die Suppe auf den Weißbrotwürfeln anrichten.

Wegwarte mit Äpfeln

Diese süße Variante erfreut an heißen Tagen mit einer angenehmen Frische.

▸ 1 Tasse junge Wegwartenblätter
▸ 2-3 Äpfel
▸ Zucker oder Honig
▸ Butter
▸ Salz

Die Äpfel schälen, in Achtel schneiden und in etwas Butter andünsten. Die gereinigten Wegwartenblätter fein hacken und dazugeben. Mit etwas Salz und Zucker oder Honig nach Wunsch abschmecken.

Preußischer Kaffee

Die Wurzeln der Wegwarte eignen sich – wie auch Löwenzahnwurzeln – gut als Kaffeeersatz, was auch schon

Wegwarte mit Äpfeln

Friedrich der Große wusste, daher der Name. Wie das Surrogat hergestellt werden, steht auf Seite 42 (Löwenzahn). Geröstet und gemahlen ist die Wegwartenwurzel übrigens auch ein exzellentes Salatgewürz.

Wegwartensalat

Nur die ganz jungen, zarten Blätter der Wegwarte eignen sich für einen Salat.

▸ 3 Tassen junge Wegwartenblätter
▸ 1 Tasse junge Löwenzahnblätter
▸ 1 Zitrone

▸ ½ Tasse Gänseblümchen
▸ 3 EL Rapsöl
▸ 2 EL Balsamicoessig
▸ 1 weich gekochtes Ei
▸ ½ Tasse gehackte Walnüsse
▸ 200 g Cocktailtomaten
▸ Salz, Zitronenpfeffer

Wegwarte und Löwenzahn in lauwarmen Wasser mit Zitronensaft etwa 30 Min. entbittern, abtrocknen und in feine Streifen schneiden. Das weiche Eigelb mit Essig und Öl vermengen, abschmecken und über den mit den Tomaten und den Kräutern angerichteten Salat träufeln. Mit Walnüssen bestreuen und Gänseblümchen dekorieren.

Gewöhnliche Eberesche *Sorbus aucuparia*

(Vogelbeerbaum, Drosselbeerbaum, Quitsche, Krametsbeerbaum, Vogelbaum, Mehlbeerbaum)

▸ **Vorkommen** Wegen ihres geringen Anspruchs an den Boden hat die Eberesche viele Möglichkeiten sich auszubreiten. Sie kommt wild fast in ganz Europa und Nordafrika vor und wächst als Strauch oder Baum mit einer Höhe von bis zu 20 m. Die Fiederblätter der rundlichen Krone sind an den Rändern scharf gesägt. Die Blü-

ten sind klein und weiß, die Frucht – auch Vogelbeeren genannt – ist kugelig, erbsengroß und dunkelrot.

▸ **Verwendung** Für die Küche interessant sind ausschließlich die reifen Beeren, die gekocht, auch getrocknet und tiefgefroren verwendet werden. Die rohen Beeren sind in großen Mengen unbekömmlich, verlieren aber getrocknet oder gekocht ihre leicht toxischen Substanzen. Die Verlockung, die Beeren roh zu essen ist allerdings auch nicht groß, da sie dann eher bitter schmecken. Erst nach dem ersten Frost kommt eine angenehme Süße hinzu. Diesem Frost können Sie vorgreifen, indem Sie die geernteten Vogelbeeren einfrieren und zum Verbrauch wieder auftauen.

▸ **Heilwirkung** Getrocknete Beeren und Blüten werden als Tee gegen Husten, Heiserkeit und Bronchitis empfohlen. Vor allem Redner und Sänger schwören darauf, dass die Vogelbeere ihre Stimmbänder geschmeidig hält.

Vogelbeergelee oder -sirup

Die Vogelbeere schmeckt nach dem ersten Frost am besten. Diesem Prozess kann man durch Einfrieren vorgreifen.

▸ 1 kg gefrostete Vogelbeeren
▸ ½ l Apfelsaft (für Gelee) oder 1 l Apfelsaft (für Sirup)
▸ 1 kg Gelierzucker (Gelee) oder 500 g Zucker (Sirup)

Die gefrosteten Beeren antauen und mit dem Apfelsaft etwa 10 Min. weich kochen. Die Fruchtmasse durch ein Mulltuch laufen lassen. Zu dem so gewonnenen Saft Gelierzucker (oder für den Sirup den Zucker) geben und einkochen, bis der Sirup

Beere oder nicht Beere?

▸ **Rein botanisch** gesehen ist die Vogelbeere keine Beere, obwohl sie wie eine solche aussieht, sondern eine Apfelfrucht!

eine ölige Konsistenz hat und das Gelee die Gelier- probe (s. Seite 52) besteht. Das Gelee bzw. den Sirup noch heiß in saubere Gläser oder Flaschen füllen.

Vogelbeeren- buttersauce

Die Vogelbeerensauce schmeckt ein bisschen wie Preiselbeersauce und kann auch genauso verwendet werden.

- 1 Tasse Vogelbeeren
- 2 EL Zucker
- 1 Zitrone
- 80 g Butter
- Salz

Vogelbeerenbuttersauce

Die Beeren mit dem Zucker und dem Saft einer halben Zitrone aufkochen, die Sauce pürieren, die Kerne heraus- sieben, das Ganze mit kalten Butterstückchen aufschlagen und abschmecken.

Vogelbeerenkonfitüre mit Zwetschgen

So zaubert man die fruch- tige Süße der Vogelbeeren in Gläser!

- 500 g Ebereschenbeeren
- 400 g Zwetschgen
- 500 g Gelierzucker
- 1 Zitrone

- 1 Vanillestange
- 1 Zimtstange
- nach Geschmack Sternanis

Die gefrosteten Beeren mit den entkernten und klein geschnittenen Zwetschgen und den Gewürzen mit we- nig Wasser weich kochen. Durch ein Sieb passieren und mit Gelierzucker nach Packungsanweisung kochen. Die Gewürze entfernen, die Fruchtmasse mit dem Saft einer Zitrone abschmecken und, wenn die Gelierprobe (s. Seite 52) Bestand hat, noch heiß in saubere Gläser füllen.

Infoecke

Adressen

**Kräuterführungen, Heil-
kräuterkurse, Klosterladen
Abtei St. Severin**
Altkatholische Zisterzienser
des Ordens von Port Royal
Römerschanze 5-7
87666 Leinau
Tel.: 08346 / 921 781
www.abtei-st-severin.de

Kräuterzauber Chiemsee
Inhaberin Ilona Baur
Weingarten 1a
83257 Gstadt
Tel.: 08054 / 90 20 10
E-Mail:
ib@kraeuterzauber-
chiemsee.de
www.kraeuterzauber-
chiemsee.de

**Wildkräuterführungen auf
Fehmarn**
www.lueckscheseiten.de/
index.html

**Wildkräuterführung im
Schlossgarten Reinharz**
Schloss Reinharz GbR
Dorfstraße 56
06905 Bad Schmiedeberg,
OT Reinharz
Tel.: 0341 / 96 12 642
E-Mail: gbr@schloss-
reinharz.de
www.schloss-reinharz.de

In Botanischen Gärten gibt
es oft einen Wildkräutergarten. Wildkräuterführungen
veranstalten fast alle Volks-
hochschulen.

Zur Autorin

▶ **Marlies Busch** lebt in
München und ist eine
begeisterte und experimen-
tierfreudige Köchin, die,
inspiriert durch ihre Arbeit
mit Wildpflanzen, diese
auch in ihre Küche holte.
Sie arbeitet seit 1992 als
Sachbuchautorin in ver-
schiedenen Bereichen.

Mengenangaben

Die Rezepte in diesem
Buch sind für 4 Personen
bestimmt.

Abkürzungen

EL = Esslöffel
TL = Teelöffel

Literatur

- **Fleischhauer, S., Guthmann, J., Spiegelberger, R.:** Essbare Wildpflanzen. 200 Arten und bestimmen. AT-Verlag, Baden und München 2007

- **Hay, D.:** Flavours. Whitecap Books, Vancouver 2000

- **Lehari, G., Boss-Teichmann, C., Pahler, A., Kleinod, B.:** Kräuter! Ulmer-Verlag, Stuttgart 2008

- **Recht/Wetterwald:** Ernte am Wegrand, Ulmer-Verlag, Stuttgart 2006

- **Teetz, P.:** Essig und Öl, Ulmer-Verlag, Stuttgart 2007

- **Volk, F. und R.:** Kochen mit Kräutern. Ulmer-Verlag, Stuttgart 2007

- **Witteler, W., Meier, A.:** Kochen mit Wildkräutern, Christian-Verlag, München 2008

Impressum

Bibliografische Information der Deutschen Nationalbibliothek
Die Deutsche Nationalbibliothek verzeichnet diese Publikation in der Deutschen Nationalbibliografie; detaillierte bibliografische Daten sind im Internet über http://dnb.d-nb.de abrufbar.

© 2008 Eugen Ulmer KG
Wollgrasweg 41, 70599 Stuttgart (Hohenheim)
E-Mail: info@ulmer.de
Internet: www.ulmer.de

Lektorat: Anke Ruf
Umschlag- und Innengestaltung: X-Design, München
DTP: juhu media, Susanne Dölz, Bad Vilbel
Druck und Bindung: Litotipografia-editrice Alcione, Trento
Printed in Italy

ISBN 978-3-8001- 5846-1

Infoecke

Bildquellen

Titelfoto: Anja Vits-Hamdioui
Gisela Caspersen, Hamburg: Seite 24
Flora-press: Seite 33
Fotolia: Seite 37, 50
Panthermedia: Seite 2/3, 6, 20
Wolfgang Redeleit, Bienenbüttel: Seite 10, 18, 28, 36, 38, 46, 47, 54, 56, 58
Hans Reinhard, Heiligkreuzsteinach: Seite 4/5, 7, 8, 16, 22/23, 25, 30, 34, 40, 42, 44/45, 48, 60
Fridhelm Volk, Stuttgart: Seite 9, 11, 13, 15, 17, 19, 21, 27, 29, 31, 35, 39, 41, 43, 49, 51, 53, 55, 57, 59, 61

Haftung

Saisonkalender

Pflanzen	Januar	Februar	März	April	Mai	Juni
Giersch			🟩	🟩	🟩	🟧🟩
Vogelmiere			🟩	🟩🟧	🟩🟧	🟩🟧
Bärlauch	🟫	🟫	🟩	🟩	🟫	🟫
Gänseblümchen			🟩	🟧🟩	🟩	🟩
Taubnessel		🟩	🟩	🟩	🟩	🟩
Huflattich	🟫	🟫	🟧	🟧	🟩	🟩
Veilchen	🟫	🟩🟧	🟩🟧			
Hirtentäschel			🟩	🟩	🟩	🟩
Mädesüß				🟩		🟧
Echter Kerbel	🟫	🟫	🟫🟩	🟧	🟧	🟩
Sauerampfer			🟩	🟩	🟩	🟩
Wiesenknopf				🟩	🟧🟩	🟧🟩
Sommerlinde			🟩	🟩	🟧🟩	
Holunder					🟧	🟧
Roter Klee			🟩	🟩	🟧🟩	🟩
Eberesche						
Schlehe						
Sanddorn						
Hagebutte						
Kornelkirsche						
Brennnessel				🟩	🟧🟩	🟩
Wegwarte	🟫	🟫	🟩	🟩	🟩	🟩
Löwenzahn	🟫	🟫	🟫🟩	🟧🟩	🟧🟩	🟩